岩波科学ライブラリー 234

新版
アフォーダンス

佐々木正人

岩波書店

目 次

プロローグ　なぜアフォーダンスなのか？

アフォーダンス、はじめて聞く読者も多いだろう。アフォーダンスは、なぜ世界がこのように見えるのか、聞こえるのか、そのために身体が何をしているのか、まったく新しく説明している。

もし本書がアフォーダンスという言葉のもっているセンスを伝えることに成功するならば、読み終えた読者は、見ること、聞くこと、触ること、嗅ぐこと、味わうことなどについて、いいかえれば自分と世界との関係について、これまでとはまったく違う「感じ」をもつことができるはずである。

「アフォーダンス理論」によれば、私たちは「眼だけで見ているのではない」、「耳だけで聞いているのでもない」、また「皮膚だけで触っているのでもない」。そうは言っても、もちろん、アフォーダンス理論に神秘的なところは一つもない。むしろ現在のところ、もっとも「科学的」で「事実に近い」知覚の説明であると筆者は考える。

アフォーダンス理論は、アメリカの知覚心理学者ジェームズ・ギブソンによって、196

0年代に完成された。彼の死後、アフォーダンスの研究は少数の後継者たちによって続けられてきた。１９８０年代に入って、アフォーダンスは、とくに「人工知能（ＡＩ）の設計原理」や「人と機械のコミュニケーション」について研究している認知科学者に注目された。今では21世紀の人間研究のキーワードの一つになって、プロダクト・デザインや建築などのモノづくりや、絵画やアニメなどアートの領域でも注目されている。はじめに、なぜ半世紀以上も前に構想されたアイデアが、多くの人々の関心を集めることになったのか、その背景にふれておこう。

動けないロボット

認知科学は、「知能をもつ機械」であるＡＩの開発を背景に、人や動物の知性の謎を解きあかすことを目指す領域である。研究が進むなか、認知科学者は一つの問題に出会った。その難しさを、哲学者デネットの創作したストーリーで体験していただこう。

１台のロボットがいた。仮にロボットＩと名づけておこう。ある日ロボットＩは、唯一のエネルギー源である予備バッテリーのしまってある部屋に、何者かが時限爆弾を仕掛け、それがまもなく爆発するようにセットされていることを知った。このような危機的状況を知った場合には「部屋からバッテリーを取り出す」ようにプログラムされていたロボットＩは、部屋に入り、バッテリーをそれが乗っているワゴンごと持ち出した。ところがなんと、ワゴンの上にはバッテリーとともに爆弾も乗っていた。部屋の外で、ロボットⅠはバッテリーと一緒に爆発した。

ロボットⅠは、爆弾がワゴンの上にあることは知っていた。ただしプログラムが不完全だったので、「ワゴンを持ち出せばバッテリーと一緒に爆弾を持ち出してしまう」ことを理解していなかった。「ワゴンの上のバッテリーを持ち出したとき、もしその上に爆弾があれば、それも一緒に持ち出してしまうことになる」というのは、人間には教える必要のない知識であろう。しかし、ロボットにはあらゆることをゼロから教えなくてはならない。問題は、このようなあたりまえのことをロボットにどのようにして教えるかということである。

最初の失敗を分析した設計者は、ロボットⅠの知能に欠けていたのが、「自分の意図したことにともなって環境に起こる、副次的な結果を認識すること」であると気づいた。そこで行為の直接の結果だけではなく、その結果、環境に副次的に起こることについても推論できるように、ロボットⅠのプログラムを書き換えた。ロボットⅡが誕生した。

さて、ロボットⅡはプログラムに従って「部屋からバッテリーを取り出す」ために、いち早くバッテリーのある部屋に向かい、ワゴンの前で推論をはじめた。「ワゴンを引き出しても部屋の色は変わらない」、「ワゴンを引き出せば音がする」、「ワゴンを……」と、ワゴンを持ち出すことにともなって環境に起こる副次的結果について考えつづけた。その間に、部屋のどこかで爆弾が破裂した。

設計者はこの失敗から、行為にともなう副次的な結果のすべてについて推論していると、時間がいくらあっても足りないことに気づいた。そこで一つのアイデアを思いついた。「そうだ！　ロボットに、目的としている行為に関係している結果と、無関係な結果との区別を教えてやり、関係のないことは無視するようにすればよいのだ」と。ロボットⅢが完成した。同じ状況にこの最新のロボットを置いてみた。ところがロボットⅢはぜんぜん動かない。ロボットⅢに「何をしているのか」と尋ねてみた。ロボットⅢは答えた。「黙って！　ぼくはこれからやろうとしていることに関係のないことを見つけて、それを無視するのにいそがしいんだ。関係のないことは限りなくあるんだ……」。

最新のロボットⅢが動き出す前に、部屋のどこかで爆発音がした。

フレーム問題

ロボットを悩ませた問題を、ＡＩの領域では「フレーム問題」とよんでいる。簡単に言えば、ある行為に関連することと、関連しないことを効率的に見分けるにはどのようにすればよいのか、という問題である。

1960年代に登場したAIは、チェスのようなゲームや、定理の証明のように、問題の生ずる「環境」が限定されていて、「推論」の力が最大に発揮されるような課題を好んで対象とした。このような領域では、「行為」(一つの駒の動き)に先立って、その行為と直接には関係しない「環境」の状態(他のすべての駒の盤面での配置)についても完全なマップをつくり、それを常に更新して、次の動作のプランづくりに利用することは容易であった。

AIがこのような「疑似環境」の中だけで動作している間は、ことは比較的スムーズに進んだ。だから、「行為にともなって起こる環境変化のすべてをいちいちモニターし、判断しなくてはならない」という「作業」が、現実の環境の中で行為するときには、AIにとって致命的なほど難しいことは気づかれなかった。

AIの研究が進み、人工知能を実装したロボットが実験室を飛び出して、人間たちの住んでいる「現実の世界」でも行為しはじめたとき、すぐに問題が生じた。「人間の知能」ではあまりにも自明で、「機械の知能」には欠けていることが明らかになった。

人は何かを行うときに、周囲の環境を構成することが、いま行っている行為に関係しているのかどうかをいちいち識別するというようなことではけっして悩まない。乳児でさえ、行為に関係のないことは「無視」している。「フレーム問題」に悩まないという性質は、人や動物の知性の本質的な特徴の一つのようである。では「フレーム問題」にとらわれない知性の「設計原理」とはどのようなものなのか。どうすれば「フレーム問題」に悩まないロボットを設計できるのか。

デカルトの遺産

初期のＡＩでは、「環境」を完全に表現しつくした知識表象をつくることができ、それを「地図」にして行為をガイドできるという確信から知性のモデル化がなされた。「フレーム問題」は、まさにこうした知のモデル化がもたらした。行為することの意味を環境から切り離し、行為と環境の接点を、事前に設計された知識と、論理だけで推論する機構にゆだねる限り、フレーム問題からは逃れられないだろう。

問題を解く鍵は、なぜ伝統的な認知研究が、この種のモデルを採用したのかについて知ることにある。背景の一つは、３００年以上前につくられた「知覚理論」にある。

現代の知覚理論は、17世紀のフランスの哲学者ルネ・デカルトのアイデアに多くを負っている。デカルトは、当時広く流布していたヨハネス・ケプラーの理論と対比させることで、自身の知覚理論をつくりあげた。

「コピー説」とよばれたケプラーの理論では、眼をカメラと同じように、外界の広がりのあるイメージを網膜に結像する装置と考えていた。デカルトはこのコピー説の妥当性を検証するために、射影幾何学の手法を駆使して、いろいろな対象が網膜にどのように映るのかを細かく分析した。彼が実験の結果得た結論は、「網膜像は必ずしも対象の正確なコピーではない」ということだった。「円」は「円」ではなく、多様にゆがんだ「卵形」として網膜に映っていた。

感覚器官にもたらされるものが、必ずしも外界のコピーではないことを確かめたデカルトは、「像」に代えて、物理的な光の刺激にはじまり、視神経によって伝えられ、脳の活動を引き起こす生理学的な「運動」という単位に知覚の原因があると考えた。彼によって、外界に似ている、広がりのある「像(イメージ)」から、生理学的な効果を引き起こす微細な「運動」(「点運動」あるいは「点刺激」とよばれる)へと、知覚の原因が置き換えられたのである。

「こころ」というメカニズムの誕生

デカルトが「コピー説」を否定したのは、ケプラーの主張が光学的な実験結果に一致しなかったからだけではない。コピー説では「なぜわれわれはこのように見えているのか」を説明するために、網膜像を「見ている小人」が「頭の中」にいるのだとしていた。しかし「小人理論」は知覚の本当の説明になっていない、とデカルトは考えた。なぜなら小人による説明は、「小人の網膜に映った像を見る、小人の頭の中にいるさらに小さな小人、その小さな小人の網膜に映った……」というように無限に後退して、何も説明していないに等しくなる。デカルトが「コピー説」を排除した真の理由は、この難点に気づいたからである。

デカルトが「小人」に代えてつくりだしたのが、「こころ」というメカニズムである。感覚刺激が「点運動」のようなもので、世界にある対象の姿を少しも代表していないとするならば、それ自体は「意味」をもたないこのような微小な入力から、私たちが得ることのできる豊かな知覚の成立を説明する仕組みが必要となる。それがデカルトの「こころ」だった。

たとえば「2次元の網膜像からなぜ3次元が知覚されるのか」という、古くから哲学者たちを悩ませた大問題がある。これも天文学者がやるように、平面上にある2点の距離と、二つの点それぞれから遠くにある対象までの角度を計測し、それらの値を利用して対象である3点目の位置を算定する「幾何計算(三角測量)」をする機構が「こころ」の働きにあるとすれば簡単に説明できるだろう、とデカルトは考えた。

デカルトの「こころ」とは、いま風にいえば、感覚刺激を統合し、判断し、推論し、意味に仕立てるメカニズムである。それはまた、過去の記憶や知識のありかでもある。環境からの入力が「点運動」のようなものであるという仮定が、知覚理論にこのようなきわめて「有能なこころ」の概念を導入することを招いたのである。

初期の人工知能も、このような「知覚モデル」を下敷きにしていた。だから、知能の設計者たちは、なによりもはじめに、世界について推論し、計算する、「有能なこころのメカニズム」を、知性の中心につくりあげようとした。そこでは、環境の中で行為することの意味は非常に小さく見積もられ、身体の行うことは「中枢」の指令に従う、ただの「出力」と考えられた。

膨大な知識と高度な推論機構をもち、「有能なこころ」が操る「手足」で、いさんで環境の中に飛び出したロボットが出会ったのが「フレーム問題」だった。

「フレーム問題」に悩むことのない知の本質について理解するためには、「知覚すること」について、「行為すること」について、そして「こころ」についての伝統的なアイデアを根本的に疑ってみる必要がある。まったく新しい知のモデルが必要だ。

1980年代以降、「知の科学」にたずさわる者たちは、さまざまな領域に解答を探し求めた。そして「アフォーダンス」があった。

ギブソンは、研究を開始した頃から、伝統的な知覚と認識のモデルに決定的な欠陥があることに気づいていた。そして、1人で、長い時間をかけて、それとは別の説明を模索していた。その探究の結果が、アフォーダンスという言葉に結実していた。

知覚の理論であるアフォーダンスが、元来は論理学における世界の記述様式の問題である「フレーム問題」に直接の解決法を提示しているわけではない。しかしアフォーダンス理論は、フレーム問題を生じさせた認知理論の基盤にある、知覚についての考え方の難点を指摘し、それとはまったく異なる方法で知覚の成立を説明していた。そこには、「フレーム問題」を解くヒントがたしかに示されていた。

1 ギブソンの歩み

ジェームズ・ギブソン(James J. Gibson、図1)は、1904年にオハイオ州のマッコーネルスビルで、鉄道会社に勤務していた父と、教師だった母の下に生まれた。1922年にプリンストン大学の哲学科に入学し、心理学を専攻した。学位取得後、スミス・カレッジにはじめての職を得た。半世紀を越える長い研究生活の中でエポックとなる体験の一つは、1940年代、第二次世界大戦中に空軍の知覚研究プロジェクトに参加したことだろう。そこでの体験については後でふれる。

図1　ジェームズ・ギブソン. E. Reed & R. Jones eds.: Reasons for realism, LEA (1982)より.

1949年にはニューヨーク州のコーネル大学に移り、1979年に亡くなるまで、そこで活動を続けた。彼の後継者たちは、コーネル大学で毎週金曜の宵に開かれていた小規模のセミナーについて、いまでもよく話題にする。ギブソンはアイデアを数枚のメモ書きでいつも用意して、参加者を深夜まで、ときには朝まで続いたという深い議論に誘いこんだそうだ。〝パープル・ペリル（紫の危険物）〟とよばれたそのメモ書きの全文（1954〜79）は、現在、国際生態心理学会（The International Society for Ecological Psychology）のホームページに掲載されている。

ギブソンは、生涯に100を越える研究論文と3冊の書物を著している。最初の本は、彼が40代の半ば1950年に出版した『視覚世界の知覚（The Perception of the Visual World）』（邦訳は東山篤規ほか訳『視覚ワールドの知覚』、新曜社刊）、2冊目が1966年の『知覚システムとしての感覚（The Senses Considered as Perceptual Systems）』（佐々木正人ほか訳『生態学的知覚システム』、東京大学出版会刊）、そして最後が、彼がその生涯を終えた1979年に出版された『視知覚への生態学的アプローチ（The Ecological Approach to Visual Perception）』（古崎敬ほか訳『生態学的視覚論』、サイエンス社刊）である。

出版年をみてわかるとおり、ギブソンはアメリカの心理学者にしてはめずらしく「遅咲き」である。生涯の伴侶だった発達心理学者エレノア・ギブソンの話によると、彼はいずれの著作も10年以上の歳月をかけて構想し、しつこく書き直したという。どの本も文章はあくまで簡潔で、内容は難解である。とてつもないことがふつうの言葉で、しかし中心となる概念だけはオリジナルな造語を駆使して書かれている。

3冊の書物には一つの思考が流れている。その歩みをたどると、ジェームズ・ギブソンが、「生涯をかけて一つのことだけを考え続けた人」であるという印象が強く残る。ギブソンはアメリカという風土が育んだ「タフなサイエンティスト」だった。

ゲシュタルト

ギブソンが生涯をかけて考え続けたことは、どのようなことだったのか。

彼がプリンストン大学に入ってまず出会ったのは、「ゲシュタルト」のネットワークだった。プリンストンの心理学部は、ハーバード大学から2人の教師、ハーバート・ラングフェルトとレオナード・カーマイケルを招聘して創設された。いずれもアメリカ心理学史に残るビッグネームである。後にギブソンの指導教員になるラングフェルトはプリンストンに着任する前にヨーロッパに留学し、マックス・ヴェルトハイマー、ヴォルフガング・ケーラーらの「ゲシュタルト心理学者」と交流し、その思考に直接ふれていた。

ギブソンが大学院を終え、スミス・カレッジに職を得る頃には、そこにナチスから逃れてアメリカに「亡命」していたもう1人のゲシュタルト心理学者、クルト・コフカが赴任していた。コフカは、ちょうど大著『ゲシュタルト心理学の原理』を執筆中だった。ギブソンは彼のセミナーに参加している。

厳密な意味での「ゲシュタルト心理学者」は、ヴェルトハイマー、ケーラー、コフカの3人である。ギブソンは、彼らにつながるネットワークに加わることで研究の世界に入り、「ゲシュタルト問題」に出会った。

「ゲシュタルト問題」がヨーロッパ思想の舞台にのぼるのは、1890年にクリスチャン・フォン・エーレンフェルスというドイツの哲学者が「ゲシュタルト質について」という論文を発表してからである。彼はゲシュタルトを「感覚要素の総和以上のもの、総和とは異なったもの」と定義した。

たとえば音のつながりは、一つのメロディーとして聞こえる。「移調」して要素となる音をまったく変えても、同じメロディーが聞こえる。つまりメロディーは、要素である個々の音とは異なるレベルの「秩序」である。これが「ゲシュタルト」である。乱暴に書かれた手書き文字と活字に、同じ意味を読み取れるのも、文字を構成する線や点のまとまりがゲシュタルトだからである。

ゲシュタルトは確かな知覚現象の一つである。問題は、どのようにしてゲシュタルトの知覚が可能になるのか、その本質をどのように説明するかにあった。最初の解答は、アレキサス・マイノンクというオーストリアの哲学者が用意した。彼は、ゲシュタルトは直接的に知覚されているのではなく、要素刺激を関係づける「知的な過程」の結果であるとした。ゲシュタルト知覚の「中枢—推論説」である。この解答はいうまでもなく、感覚器官への「点刺激」に「推論機構」を継ぎ足すというデカルトの伝統を引き継いでいる。それは19世紀前半、デカルトのアイデアを厳密な実験的科学として体系化したベルリン大学の生理学者ヨハネス・ミューラーにはじまる近代の知覚研究の発展にもそった「穏当な」説明である。

ファイ現象

しかし「中枢—推論説」は、ゲシュタルトが直接的に知覚されていると感ずる私たちの直観とかけはなれている。人々がこの種の説明をあきたらないと感じているときに、もう一つの解答が示された。

それを用意したのが3人の「ゲシュタルト心理学者」である。彼らがまず主張したのは、「ゲシュタルトの知覚は、要素を感覚することと同じレベルで起こる」ということである。その証拠とされたのが、ファイ(仮現運動)現象の存在である。

左右に離れた二つの位置の豆電球を順に点滅させる。二つの位置での光の「点滅」は、そのリズムがある速度を越えると、点滅ではなくスムーズな光の「移動」に見えはじめる。左右への「移動」が見えはじめると、個々の位置での光の「点滅」はもはや見えない。

要素刺激が「下」で、ゲシュタルトが「上」なのではない。この事実が示すように、「移動」というゲシュタルトの知覚は、要素の知覚である「点滅」と同じレベルにあり、二つのレベルは互いに排除し合っている。ゲシュタルト心理学者らは、ゲシュタルトの知覚は、要素刺激と同列な、それ自体独自の性質をもつ「ゲシュタルト刺激」(この場合は点滅の時間間隔)とでもよべるものによって引き起こされていると主張した。

感覚刺激は知覚の原因ではない

ファイ現象は、それまでの知覚論の前提に大きな疑問を投げかけていた。伝統的な理論は、特定の感覚刺激は常に特定の知覚を引き起こすという仮説に基づいていた。これを「恒常性仮説」とよぶ。

伝統的知覚論の多くは、知覚の説明の大部分を「こころ」の働きにゆだねながらも、知覚の原因としての感覚刺激の役割の重要性については一致して認めていた。特定の知覚が生ずるときには、常に(恒常的に)その原因としての、特定の感覚刺激が発見できる。知覚は感覚刺激を原因としている。両者は「感覚刺激⇓知覚」というふうに、一方向で、因果的につながっている、という仮説である。感覚刺激という原因の働きにこのような恒常性を認めなければ、知覚は「こころ」の勝手きままなふるまいになり、それは夢や幻想と区別できなくなる。恒常性の前提は重要であった。

しかし光の「移動」が知覚されているときにも、感覚受容器に入力されている物理的刺激はあくまで「点滅」であるだろう。にもかかわらず、私たちは「点滅」とはまったく異なる「移動」を知覚する。物理的には光の点滅という同一の刺激が、「点滅」にも「移動」にも知覚される。この事実は「恒常性仮説」に反している。ゲシュタルト心理学者はこのように、伝統的知覚論の根幹をなす前提の一つに鋭い矢を放った。

恒常性仮説派はすぐに反論した。一つの刺激が「点滅」とも「移動」とも知覚されるのは、「眼球運動」に起因する。眼球運動に由来する刺激は、光の点滅の速度によって異なる。だから点滅が速いときには、急速な眼球運動刺激が光の点滅刺激を「つなぎ」、光の移動の知覚が生じるのだ、と。眼球運動を加味すれば、「点滅」と「移動」という2種類の知覚には、それぞれ異なる感覚刺激が対応していることになる。だから恒常仮説は維持できる、そういう反論だった。

ゲシュタルト心理学者は、それぞれ上から下、下から上へと、上下反対方向に動く、二つの光の点滅を左右に同時に提示する実験装置をつくり、さっそく再反論した。被験者は、一方では光が上から下へと移動し、他方は下から上へと移動するように見えると報告した。方向の異なる2種類のファイ現象がなんなく知覚された。この事実を、二つの眼球が、光の点滅方向に合わせて上へ下へと別々に動いたからなどとは説明できないことは明らかだ。眼筋からの刺激とは独立に「移動」は知覚されたわけである。

ホットな論争が1920年代のヨーロッパを舞台に展開していた。プリンストンでギブソンが出会ったのは、まさにこの「ゲシュタルトの問題」だった。彼は、感覚器官が受容する物理的、生理的刺激に特権を与えてきた知覚研究の伝統がゆらぐのを見た。「感覚器官への刺激は知覚の唯一の原因ではない」とするゲシュタルト心理学者たちのラジカルな主張に心を躍らせただろう。

では、感覚刺激ではないとすると、知覚を可能にしているのは何か。ギブソンはまだ自身が、この問いに生涯をかけることになるとは気づいてはいなかっただろう。感覚刺激以外の知覚の原因を探し求める長い旅が開始した。

ニュー・リアリズム

ゲシュタルト心理学に加えて、アフォーダンスにはもう一つのルーツがある。プリンストン大でのギブソンの教師にエドウィン・ホルトがいた。ホルトはプラグマティズムのウィリアム・ジェームズに学び、ジェームズ晩年の思想、とくに「根本的経験論(Radical empiricism)」の哲学を継承しようと考えていた。

根本的経験論は、たとえば for、next、with や through などがあらわしているような「推移」が意識の本質であり、流れるように続く経験や、相互につながる関係が「リアル(実在)」であると主張し、不変で動かない「主観(デカルトの私)」を根拠とするヨーロッパ哲学に対立していた。

ジェームズのアイデアを信奉するグループは「ニュー・リアリスト(新実在論者)」とよばれ、ホルトはその主要なメンバーだった。ニュー・リアリズムは、脳や主観によってこころを説明することはできないとしたが、当時、アメリカで流行しつつあった行動主義のように、こころが存在することまで否定したわけではない。ニュー・リアリストたちは、動物の行動と環境の関係に、こころ(意識、awareness)が観察できるとしていた。

ホルトは、思考や自覚的意識(consciousness)は、行為の表面を飾る「刺繍」のようなものに過ぎないので、それから人を知ることはできない、こころの分析単位は「意図(wish)」にすべきだと主張した。彼は意図を、「身体にある複数の機構、組織が、環境とのつながりを保ちつつ実行する行為」であると定義した。意図がどのようなものか、ホルトは図2に示した例で説明した。

図の水棲動物は頭部の両側に二つの眼をもつ。各眼は身体の後部についているヒレと図のように交差して結合している。右眼が光を受容すると左ヒレが動き、全身が右旋回する。右

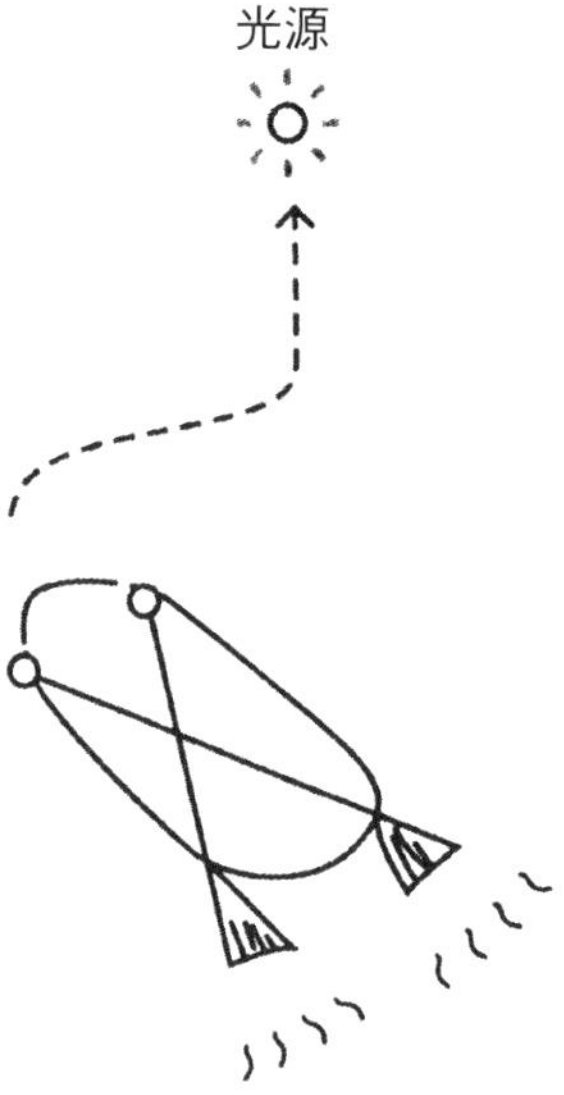

図2　ホルトの意図のモデル.

旋回して左眼が光を受容する位置にまでくると、右ヒレが動きはじめる。結果として、動物は光源に（より光の強い方へ）まっすぐ向かう。この動物を駆動させる機構は、船を動かすスクリューのように単純ではなく複雑である。

この動物の動きをホルトは対象（光）に「特定的(specific)」であるとした。「特定的」とは、動物の動きが周囲と関係し、周囲の何かを動きの「回転軸」や「落としどころ」にしているという意味である。環境を特定する動物は、感覚器と運動器官を連携させた複雑な組織を身体にもつ。身体が複雑な組織であるので、一つの刺激からの影響は、過度に動きを支配せず、むしろ背景へと後退し、動物は結果として目指すべき意味に到達できる。

川の流れや、地面を転がるボールが、重力によってやがて地球の中心（低地）という意味を「特定する」ように、動物の意図的な行動も「環境に内在する自然の法則」に従うはずだ、とホルトは考えた。これは、動物の行動と環境を本質的に結びつける行動についてのオリジナルな説明だった。しかし、行動主義の流行下で、ニュー・リアリストたちの主張は忘れさられた。

ギブソンは、晩年にアフォーダンス理論の歴史を研究していたエドワード・リードに宛てた手紙で以下のように書いた。

「ホルトは偉大な教師でした。院生時代の私は深く影響されました。認知の運動理論、「暗黙」反応の概念、じょじょに背景化する刺激の教義、対象に特定的な反応が対象の知識を構成するという発想は、どれもオリジナルで、それまでの行動主義者の誰もてなかった力のあるアイデアです」、「ホルトは自分のことを、行動主義者ではなく、唯物主義者だと言っていました。私は、ホルトの影響を受けた者をだれも知りません。悲しむべきことです」、「私の二元論と知覚の因果連鎖理論嫌いはホルトに由来します。(略)私の直接実在論はホルト主義なのです」。

ニュー・リアリズムとアフォーダンスはどうやら深く関係しているようだ。経験の対象は外の環境にあるという主張、やがてギブソン理論のキーワードの一つになる「特定性(specificity)」のアイデア、動物身体が「複雑な組織」だからこそ、環境と法則的(lawful)な関係をもつなど、ホルトがまだ学生だったギブソンに与えた多くのヒントは、後に実を結ぶことになる。

2 ビジュアル・ワールド

ギブソン自身もしばらくは、感覚器官の入力から知覚を説明するドグマにとりつかれていた。彼は視覚の領域で研究を開始し、「見ること」が網膜像では説明できないことを、自らの実験で一つ一つ確認した。視覚を説明する新しい理論が生み出されるには、ほぼ30年の長い時間を必要とした。

ギブソンがはじめにしたことは、刺激の単位を「広げる」ことである。

１９３０年代にギブソンは、ものがゆがんで見えるプリズムの着用時と、着用した後に視覚に残る影響についての分析から研究生活を開始した。現在でも多くの知覚心理学者がそうであるように、彼も、日常的な「あたりまえの視覚」ではなく、錯視などのように、普通の見えがゆがめられた状態を実験的に分析して、そこから「あたりまえの視覚」について推理するアプローチをとっていたわけである。

空軍視覚テストフィルムユニット

錯覚をベースにするという、この奇妙な知覚心理学者の伝統から、本当の意味で抜け出すきっかけをギブソンに与えたのは、1942年からの「空軍視覚テストフィルムユニット」への参加という体験である。

パイロット、ナヴィゲーター、爆撃手などの候補者となる、すぐれた「空間能力」をもつ者を選抜することが、従軍した「ギブソン大尉」に与えられた任務だった。そこで彼は、「あたりまえの視覚」が実現していることの素晴らしさに出会った。例をあげればきりがないが、たとえばパイロットたちは計器にたよらず、自前の視覚だけでアクロバット飛行のような複雑な操縦をする。そして、安全で正確な着陸もやってのけた。

それまでの視覚心理学の実験室では、せいぜい数m先の暗闇に光点を提示して、そこまでの距離を答えさせるというような方法で、「奥行き（空間）」知覚の問題が検討されてきた。はっきりとした像を結ぶために水晶体の厚みを調整する眼筋の緊張、両眼の視線の方向差（両眼視差）などが「奥行きの手がかり」とされてきた。しかし、眼の生理的機能からでは、パイロットたちのすぐれた知覚はほとんど説明できないことは明らかだった。たとえば「両眼視差」という手がかりは、像を投映する網膜がきわめて小さい（直径約4cm）ことから、対

図3　ビジュアル・ワールド．J. J. Gibson: The Perception of the Visual World, Greenwood Press(1950)より．

象が数十m以上遠くの場合は無効になってしまう。

召集された心理学者たちとともに、空中戦への適性をもつ若者を選抜するための集団テストをまず作成した。複数のテストで相関関係のある値を因子分析し、「空間」能力を統計的に導こうとしたが、テストで得られた結果は、訓練で示されるパフォーマンスをほとんど予測できなかった。視覚心理学も、テスト作成の試みも、これまでの心理学が培ってきた方法は使えそうになかった。

ギブソンは、実験室の外に出てみた。そこには「地面」があった。

第1の著作、『視覚世界の知覚』の冒頭に1枚の写真が掲げられている(図3)。

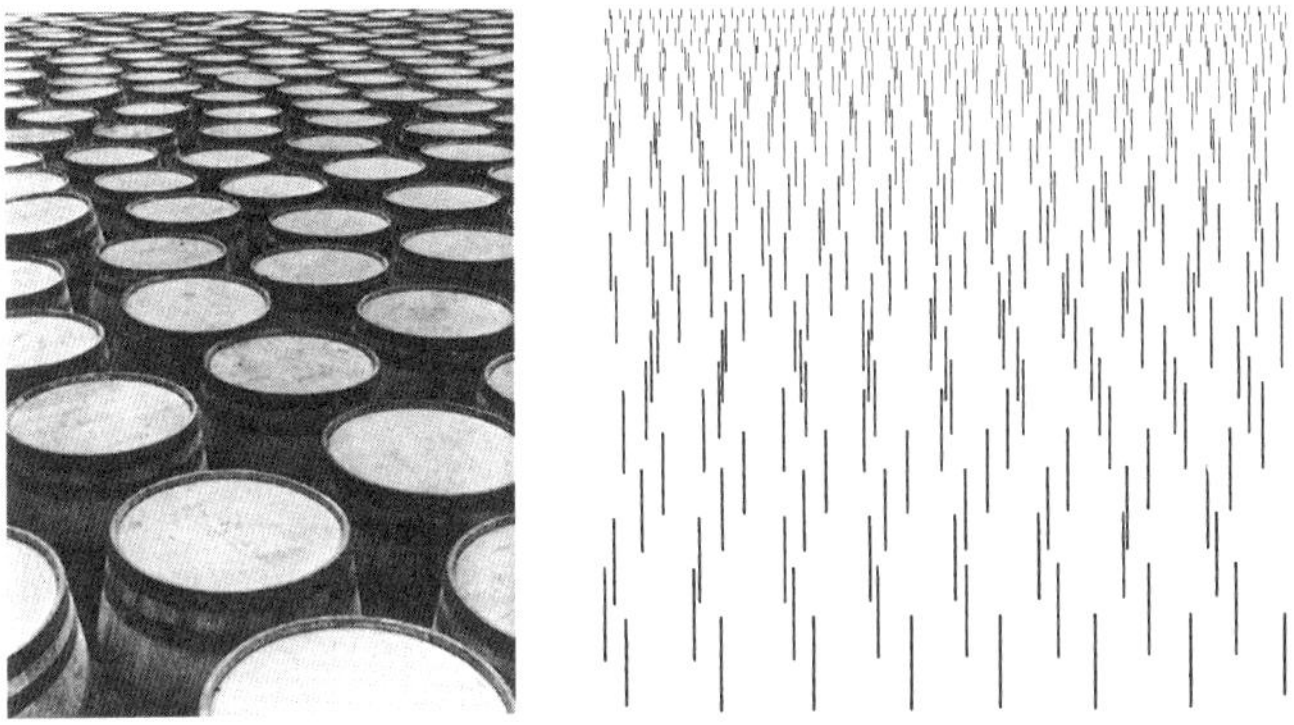

図 4　キメの勾配．出典は図 3 と同じ．

おそらく乾燥ですっかり干あがった川の写真である。どこにでもあるこの普通の世界の見えを、これまで視覚理論は問題にしてこなかった。

ギブソンはそこを「ビジュアル・ワールド」とよんだ。

点から面へ

空軍視覚テストフィルムユニットでの研究をまとめた報告書の中で、ギブソンは次のように書いている。

「3次元の知覚、つまり距離知覚の問題は、観察する者の前に広がっている連続する面（サーフェス）の問題である。私たちの住んでいる空間には地面がある。この面がなければ視覚世界は存在しない。地面に立つのか、その上を飛ぶのかにかかわらず、地面は視空間知覚のベースである。」

空軍での体験をもとに、ギブソンは（感覚ではなく）

図5　遠くの杭の高さは手前の杭のどれと同じか？　出典は図3と同じ．

「知覚の刺激」として視覚世界の面を発見した。さらに面には、小さな構造であるキメ（テクスチャー）があった。このキメのパタンから、面の傾き、すなわち奥行きが知覚できる。パタン自体が「奥行き知覚の刺激」となる（図4）。

では実際に、対象の背景にキメのある面があれば、遠くにあるものを正確に知覚できるのだろうか。ギブソンは早速、南カリフォルニアの収穫後の広大なトウモロコシ畑を実験のために借りた（図5）。約700m先に立てられた杭の高さが、すぐ手前13mのところに立てられた杭15本のどれと同じ高さかを聞かれた被験者は、ほとんど間違えずに答えた。両眼視差などの手がかりが無効なほど遠くても、背景に地面のキメがあれば、対象の恒常性を正しく知覚できる。ギブソンは、キメのパタンを「勾配（グレーディエント）」あるいは「変化度」とよび、それが奥行きを直接あらわす「知覚の刺激」の有力な候補であると考えた。

この時点でギブソンはまだ、網膜像が視覚の原因だと考えていた。ただ網膜は「点」ではなく、「パタン」を受容する器官である(図6)と説明し直したわけだ。ギブソンは、「ありのままの知覚」を直接説明する変数が存在するというアイデアに出会った。環境には「ミクロ」な感覚刺激だけではなく、「マクロ」な「知覚の刺激」もある、と。

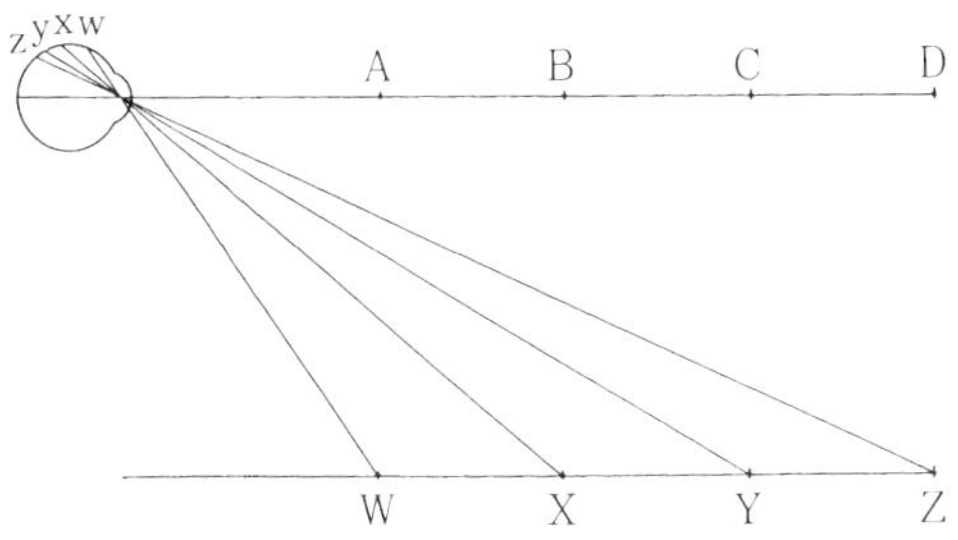

図6 網膜には点(A～D)ではなく，パタン(W～Z)が映る．出典は図3と同じ．

面からレイアウトへ

1940年代の終わりから1950年代の初めにかけて、ギブソンは、この「ありのままの知覚を直接説明できる刺激」というアイデアの検討に没頭する。そして、「キメの勾配」が必ずしも「奥行きの刺激」にはならないことに気がつく。

キメだけでは正確な知覚は得られない。たとえば観察者の顔面に平行に置かれたスクリーンに、図4のようなキメの勾配をプロジェクターで映す。観察者にはそこに見える面の傾きを、手にもった解答用の板を微妙に傾けることで再現することを求められる。このようにして得られた値は、キメの勾配率から予測できる面の傾きとは対応しなかった。

たとえば、面が、他の面の前に置かれている条件では、前にある面の知覚は、背景となる面の性質によって変化する。一般に背景となる面のキメが濃い場合には、その前に置かれた面は、より遠くに、より大きく見える。この例のように、面の知覚の問題を探っていくと、一つの面のキメではなく、面と面のレイアウト（配置）が問題となることがわかった。

そして、奥行き知覚がキメの勾配に由来するとする説に矛盾する最大の事実は、スクリーンに提示された面を前にして観察者が姿勢を変えて、提示面と顔面（すなわち網膜面）との角度をいろいろ変化させても、いつも同じ面の傾きが知覚されることであった。姿勢を変えるたびに網膜に投映されたキメの勾配も変化するはずである。しかし、観察者は同じ傾きの面を見続けた。

実験を継続すると、提示面と顔面の角度が変化しても一貫して知覚される傾きが、提示面と観察者が立っている床面（すなわち「地面」）の関係に基づいていることが明らかになった。

ギブソンは、面の傾きには二つの種類があることに気づいた。一つは環境の中の面が知覚者の網膜面に投映されてできる「光学的傾き」であり、もう一つは対象の面と地面とがなす「地理的傾き」である。実験結果は、知覚者が見ているのは後者の「地理的傾き」であることを示していた。

「キメの勾配説」は「光学的傾き」だけを考慮していた。しかし、実験参加者たちが見ていたのは、網膜上では刻々と変わる「光学的傾き」ではなく、スクリーンに映る面と地面との関係である「地理的傾き」だった。どうやら「キメが網膜に投映するパタン」からでは視覚は説明できないようだ。面は単独で存在しているわけではない。問題は、一つの面と網膜がなす絶対的な傾きではなく、面と面のレイアウトである。面どうしの配置が重要である。そして面のなかでも地面は特別な意味をもつ。

知覚者は切り取られた一つの面ではなく、それが環境の中で他の面とどのような配置関係にあるのか、さらにはその面を見ている自分の姿勢が地面に対してどのような角度であるのかを知覚しているようだ。

動きの発見

もっとやっかいな問題があった。「キメの勾配説」は、面にあるキメが不規則な場合に起こることを説明できない。「アメーバ模様をたくさん集めたポテト形」などという、キメにも輪郭にもなんら規則性がない形の刺激をスクリーンに映しても、面の傾きは知覚できない。しかし、このような不規則なパタンでも、ある操作を加えると面の傾きは正確に知覚できた。

面が動くときである。ディスプレイ上の面が静止画のときには、キメの規則性は決定的に重要である。しかしキメが不規則であっても、それが上下、左右へと少し動くと観察者は容易に面の傾きを知覚した。

ギブソンが空軍プロジェクトで取り組んだ問題も、まさに「動き」であった。

若いパイロットの訓練のために、ギブソンは時代に先駆けて「動画テスト」をたくさん開発した。テスト内容には、自分が操縦している飛行機の速度と速度変化（これは着陸時にとくに重要）、景色の動きで目的地までの距離を判断する、同じく自分の機体の傾斜角度を知る、空中で大きく旋回した後に一度見失った地面の方向を見つける、そして、動く小さなシルエットとして提示される模型飛行機のわずかな動きだけから、その影が味方か敵機かを見分けるなどの項目があった。どれも有視界飛行に必須な多種の視覚的課題を扱っていた。

ギブソンが開発したこれらの動画シミュレーション・テストは、訓練生が実際にパイロットになった後の実践能力をよく予測できた。そして、現在でも広く使われている各種の「フライト・シミュレーター」の基盤技術となった。

網膜像から視覚を説明する場合、もっとも「邪魔」な要因が、対象と知覚者の動きだった。動きを考慮しはじめると、視覚を網膜像から説明することはきわめて難しくなる。しかし実際には対象も知覚者も複雑に動く場合が多い。その時、「動き」にはさまざまな成分が同時に含まれている。それらの複雑で予測できない動きが完全に補正されて、一つの像が成立すると考えることはおそらく不可能なのである。視覚を説明する上で、このやっかいな「動き」を無視することはできない。

ギブソンが『視覚世界の知覚』を出版したちょうどその年に、スウェーデンのウプサラ大学のグンナー・ヨハンソンが『視覚的事象知覚における形態(Configurations in Visual Event Perception)』を出版した。その中でヨハンソンは、立体視の問題にもっぱら「動き」からアプローチし、一つの解答を与えていた。ヨハンソンは奥行き知覚が2次元的な「像」からではなく、像が動いたときにあらわれる性質に基づくのではないか、と主張していた。

ギブソンも大胆に発想を転換した。

網膜「像」が視覚の原因だと考えている限り、動きは邪魔者だ。だから視覚実験室では観察者の頭部を固定し、刺激は眼球運動に影響されないように、1秒の何十分の1のわずかの時間で提示できる装置(「瞬間露出器」とよばれた)を開発してきた。研究のベクトルが逆だったのである。静止した「像」ではなく、「動き」こそが重要なのだ。

ギブソンはスクリーンに「静止した形」ではなく、「動いている形」を提示してみた。たとえば種々の方向にグニャグニャに折り曲げた針金を影絵で投映する。影が止まっているときには、左右方向に折れ曲がった1本の線がスクリーンには知覚されるだけである。しかし、針金を回して影がくるくると動きはじめると、誰もがスクリーンの向こうにある立体的な針金そのものの形を知覚し、手元に用意されたまっすぐな針金を折り曲げて、スクリーンに見えた針金の曲がり具合をかなり正確に再現できる。

人の影が曇りガラスの向こうに静止して映っている時、それが誰かはよくわからない。しかし、シルエットが少しでも前後、左右に動いた瞬間に誰かがハッとわかった、というようなことはよく経験する。パイロットが急速に動く機影から敵機か味方かを見分けられるのも同じ原理によっているのだろう。

「形」を放棄する

これまでの知覚論は一貫して「形」を基礎にして視覚を説明してきた。しかし「動き」が重要であるという事実は、「形」にではなく「変形」に意味があることを示唆している。「形」はユークリッド幾何の単位である。なぜ知覚研究は、いつまでも数千年前に考えられた一つの幾何学だけにこだわるのか。知覚者が対象の変化に見ているのは「形(form)」ではなく、対象そのもの、それのリアルな「姿(shape)」である。「姿」は、形からではなく、それ自体は形をもたない「変形」から知覚される。重要なのは、変化することによって、対象の不変な性質が明らかになるという事実である。知覚にとっては「変化」が問題だ。知覚とは、「変化」に埋め込まれている「不変」を知ることなのだ。

変形によってあらわれることが決定的だとすると、もはや網膜にどのような形が結ばれているかとか、「像」と実際の対象が対応しているかなどを検討することは無意味になる。

ギブソンは「形」を放棄した。それがやがて「網膜像」を放棄することにつながる。

動きに「姿勢」を見る

動きに注目することは、もう一つのことを意味していた。

ギブソンが空軍から与えられたミッションの一つは「安全な着陸のための視覚能力の分析」だった。離陸とともに、着陸の操縦はもっとも高度な技術を必要とする。そして優秀なパイロットのもっている着陸技術を分析してみると、その大部分が「視覚的スキル」であった。

着陸のときに「どこを見るか」は非常に重要である。着陸時には、滑走路の見えがパイロットに向かって「流れて」くる。流れが湧き出る中心が着陸の「照準」になり、流れの速さやその変化はそこに向かう飛行機の速度と加速度を示している。着陸のポイントと速度調整の両方が視覚的流動の中の「静止と動き」にあらわれている(図7(a))。このように外界の見えは、外界と同時に、それを見ている知覚者の位置や姿勢、動きもあらわしている。

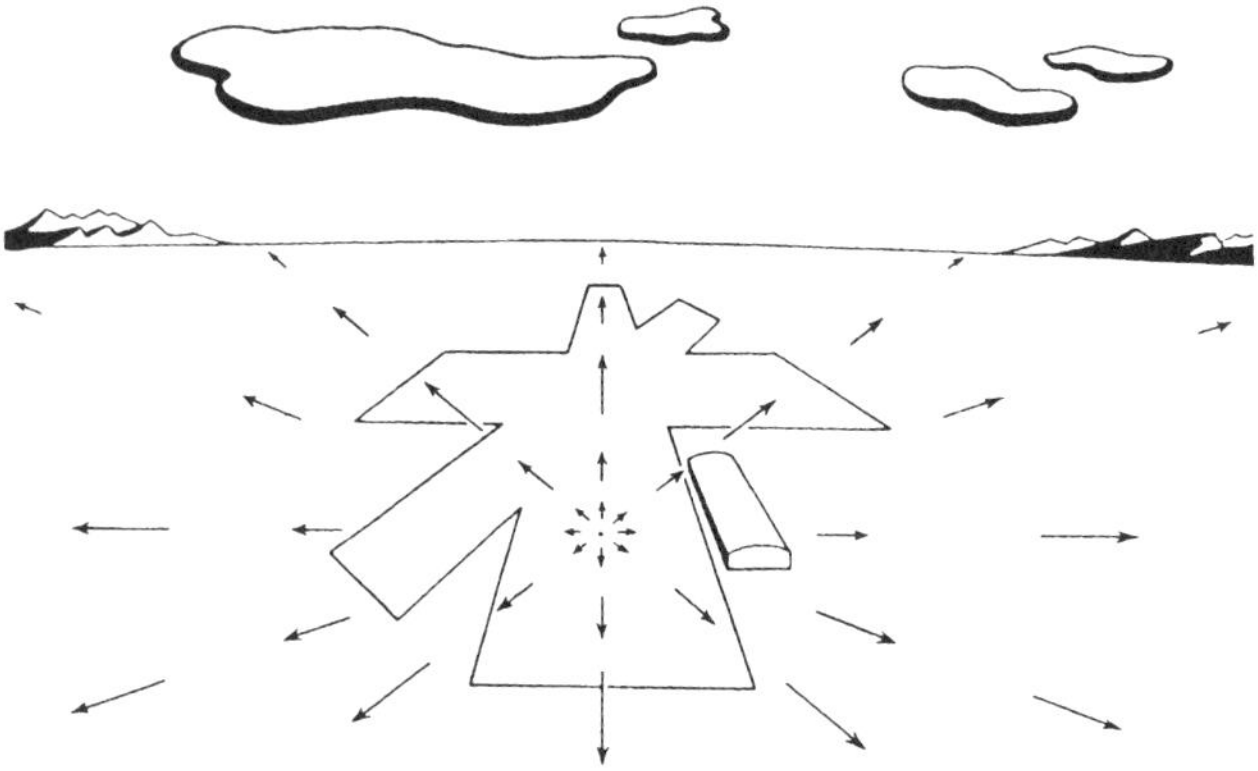

(a)

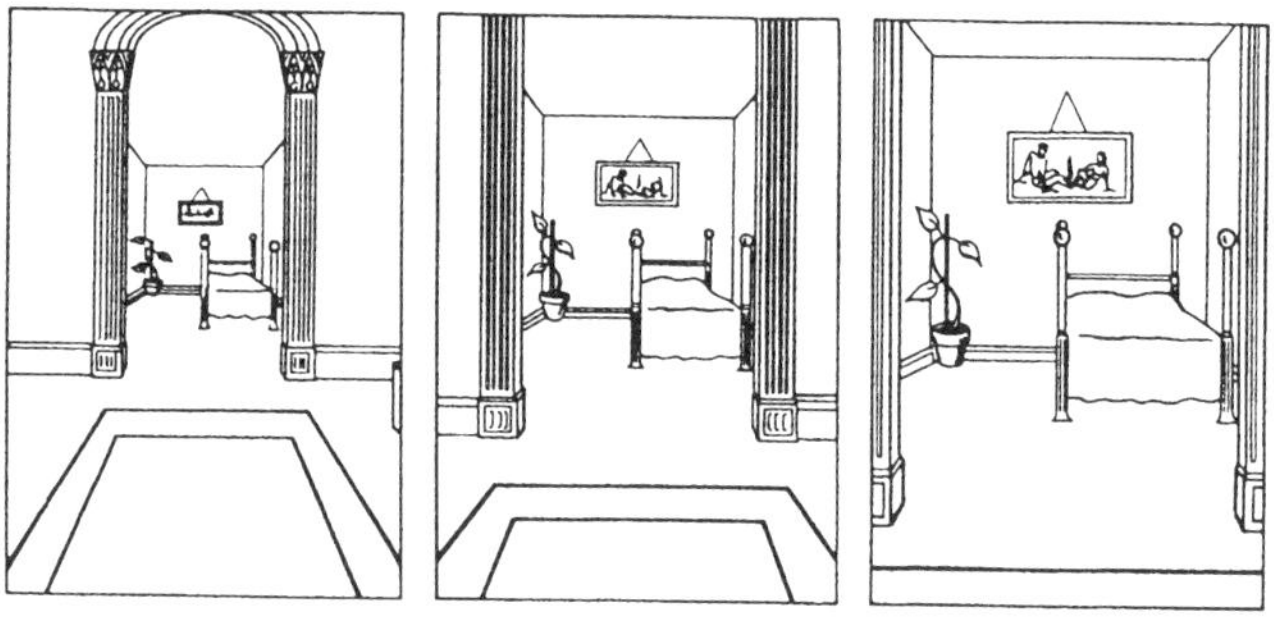

(b)

図 7 視覚性運動感覚．(a)着陸時のパイロットの見る流れ．出典は図 3 と同じ．(b)見えの変化に自分の移動が見える．J. J. Gibson: The Senses Considered as Perceptual Systems, Houghton Mifflin(1966)より．

見えの変化の中に移動者の姿勢の変化が見えるというのは、じつはあらゆる視覚体験に共通する事実だろう(図7(b))。視覚は「遠受容感覚」などとよばれ、これまでもっぱら外界の情報を得る感覚だといわれてきた。しかし視覚は自己感覚でもある。視覚的な「運動感覚」や「自己感覚」というものが存在する。キメの勾配の研究は、知覚者がスクリーン上に映る対象の「光学的傾き」ではなく、地面との関係である「地理的傾き」を見ていることを示していたが、その結果も、見えに自己の感覚が含まれていることを肯定していた。なぜなら、「地理的傾き」の視覚は、地面上に立っている者の身体が地面となす傾き、すなわち姿勢の意味を含んでいたからである。

空軍での体験、そこで知ることになった視覚の事実をもとに、ギブソンは、視覚を網膜やそこに結ばれる像から説明するという伝統の束縛から少しずつ自由になった。点は面へ、そして面のレイアウトへ、静止した形は変形へ、そして変化によって現れる「不変」へと展開した。ビジュアル・ワールドの見えには、知覚者自身の動きや姿勢もあった。

結局、ギブソンが探し求めた「知覚の刺激」は、環境の中で、何かを見ようとしている観察者がその全身で動き回って発見するものであった。ギブソンはこの時期、「刺激」に代えて、「刺激の配列(stimulus array)」という用語を使いはじめる。「配列」は、環境の中で動き回る知覚者が得る「刺激の変化」を表現しようとした用語である。この時代のギブソンはまだ、「刺激の配列」が網膜のどこかに投映されているだろうと考えていた。網膜像の魔力はしぶとく生き残っていた。しかし、眼球の奥の小さな網膜が広い外界の「刺激の配列」のすべてを投映する場にはなりえないことはもはや明らかだった。ギブソンが「網膜像を捨てる」ためには、もう一つの決定的なアイデアに出会う必要があった。

ギブソンの最初の本、『視覚世界の知覚』での主張を指して、「前期ギブソン理論」とよぶことがある。キメ、勾配、面、配置、秩序、配列、変化と不変など、その後のギブソンによって、より明晰に定義されることになる多くのアイデアがすでにこの本には登場している。

1950年に、ギブソンによって視覚論は、それまでのきわめて限られた視覚野(フィールド)から、広大な視覚世界(ワールド)へと飛び出した。ギブソンはこの試みを、従来の「感覚の心理(精神)物理学」に代わる、「知覚の心理物理学」として構想していた。つまり、伝統的な心理学の枠組みのシッポは残っていた。視覚はどうやら、ギブソンによって、その長いくびきから解き放たれつつあった。しかし、その飛躍が着地すべき「新しいワールド」が、はたしてどのようなところなのか。謎は、まだ残されていた。

3 情報は光の中にある

1950年代に入り、ギブソンの研究は「光」をテーマにとりあげた。
視覚にとってまずは「面」が重要である。面とは、環境を構成する多様な物質が空気中に露出しているところである。面が「知覚の刺激」となるためには条件がある。それは面がレイアウト、キメのパタンをもつことだった。キメは、物質の性質や化学的な状態を示している。レイアウトやキメのパタンが視覚をもたらすためには、周囲のもう一つの性質が必要である。それは空気に満ちている「光」である。

たとえば薄暗い照明の下で、少し離れた位置にある壁を観察者に見てもらう。そしてじょじょに光を落としていく。照明が非常に弱くなると壁面は見えなくなり、暗い「もや」が見えはじめる。つまり「対象(壁)」は何も見えないが「何か」が見えているという状態が生じる。視覚心理学者の一部は、この「もや」が、「奥行き」そのものの見えなのだと説明した。照明を最小限にして対象が見えなくなったときに「純粋な3次元」空間の見えがあらわれたというわけだ。

この説明は、私たちの見えが、「点や線」などの平面を構成する要素刺激と、それに立体を付加する「奥行き」の刺激から構成されるとする、伝統的知覚論が正しい場合にだけ成り立つ。

この説明はおかしい。見えが2次元なのか3次元かなどという抽象的な問いはナンセンスだ、とギブソンは考えた。照明を落としていった時に起こったことはもっと簡単に、「何かが見える」から、「何も見えない」への移行と考えればよい。

そして暗闇にいたる、限りなく少ない照明への変化が「何かが見える」ことと「何も見えない」ことの移り行きをつくりだしているという事実は、実は非常に重要なことを意味している。それは、対象の見えが成立するために「光」が関与しているということである。壁という対象が見える場合にも、「もや」が見える場合にも、光は存在していた。しかし光量が減少することで変化した光の性質が、視覚の境界条件をつくっていた。

ギブソンはさっそく、面が「見える」ことと「見えない」ことの差が光のどのような状態と関連するのかを、オリジナルな実験装置で確かめた。

光のトンネル

ギブソンは、薄いプラスティック板を切って大きな正方形にしたプレートをたくさん用意した。板の色は白か黒の2色で、すべての正方形板の中心に直径約30 cmの穴をあけた。プラスティック板は、図8(a)のように約5 m間隔で、白と黒の順に交互に置かれた。そして実験室の全体を、間接照明で薄暗く照らした。

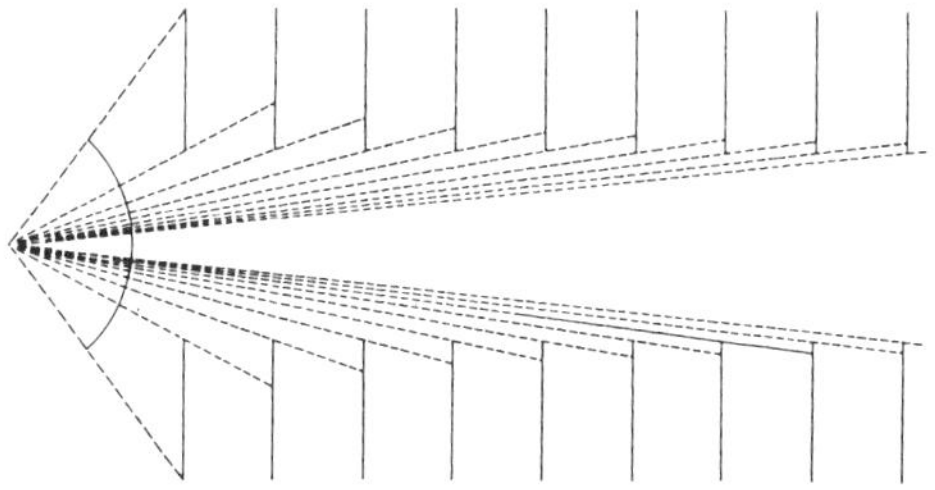
(a)

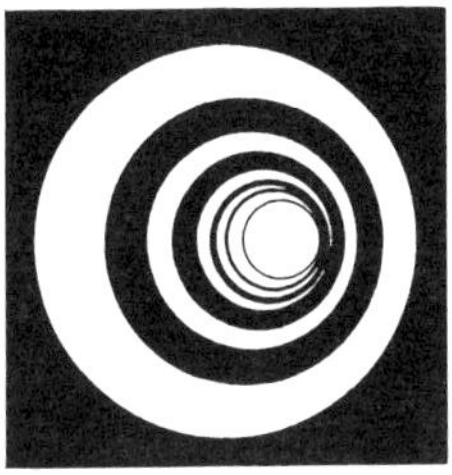
(b)

図8　(a)プラスティック板の配列．(b)光のトンネル．J. J. Gibson: The Ecological Approach to Visual Perception, LEA(1979)より．

並べたプラスティック板の一方の端に衝立を用意し、その真ん中に直径数cmののぞき穴をあけ、板の列のまん中の30 cmの穴の連なりをのぞきこんでみると、思いがけないものが見えた。何もないはずの板と板の間は、そこをつなぐ床から天井まで一周するかのような「面」で「埋められ」、白黒のストライプのある長い「トンネル」が見えたのである(図8(b))。それは重いボーリングボールをころがせそうなほどリアルなトンネルに見えた。この白と黒のパタンがあるトンネルが見えるときには、一枚一枚の板の縁は見えなかった。

いつでもこのトンネルが見えたわけではない。トンネルが見えるかどうかは、配列する板の枚数、つまり並べたプレートの密度によっていた。5m間に7枚の板を並べる条件ではただ板が並べて置かれていることが見えるだけで、「トンネル」は見えない。同じ幅に36枚を並べると、だれにでもトンネルが見えた。

板と板の間にあったのは照明光である。どうやら、並べられた板のすき間がつくる「光の密度」がトンネルの出現を決定するようだ。

板の数を変えることでギブソンが検討したのは、光のアレンジである。光の密度の勾配(変化率)が、「トンネル」の見えをコントロールした。つまりトンネルは「光の配列」がもたらした見えであった。

この実験では、面そのものの性質や、網膜像は問題にしていない。ただ、直径30cmの穴のつながりの中に漂う光の密度条件だけを検討した。

一つの重大な発見があった。光の密度にある種の性質があると、トンネルのような「面」が知覚される。つまり、白と黒の光がつくる構造が、どうやら対象(トンネル)の知覚をもたらす。ギブソンはこの対象の知覚をもたらす光の性質を「光配列(optic array)」とよんだ。「面」の見えは、配列をつくる光の異質性、差異の構造によってあらわれる。もし光に面がもたらす構造がなければ、ただ何もない空気が見えるだけである。構造があれば光は情報になるのである。

前期ギブソン、『ビジュアル・ワールド』時代の用語である「刺激の配列」は、網膜に投映される、構造をもつ視覚の原因を意味していた。しかし「光配列」のアイデアは一歩進んでいる。それは、網膜に投映される前にすでに環境に存在している視覚の原因である。もちろん、視覚は網膜なしに成立するという主張はあまりにもラジカルである。しかし「光のトンネル」はたしかに実験室の中にあらわれた。どうやら「光そのもの」が視覚の根拠になる。アフォーダンス理論への最後のステップに立って、ギブソンは、手にすることのできたデータ、それが意味することの重大さを知って、しばし熟考したはずである。自らの歩みが、網膜による視覚の説明を否定してしまうことになるとは、おそらくギブソンもそこまでは予想していなかっただろう。

「多様な眼」との出会い

1954年の1年間、ギブソンはカリフォルニア大学バークレー校に研究休暇で滞在した。

そこで、伝統的な知覚論から自由になるための試みは、最終的な局面を迎えた。「網膜」から視覚を説明することを否定するラジカルな発見が間違っていないことを彼に確信させたのは、比較形態学者Ｇ・Ｉ・ウォールズとの出会いである。

ウォールズは、脊椎動物の眼についての書を公刊していた。８００ページ近い大著には、視覚心理学者に驚きを与える、しかし説得力をもつ事実が示されていた。進化をベースとし、光を利用する器官としての眼の多様性から考えると、網膜や、そこに結ぶ絵のような像から視覚を説明することには無理があるというのである。ギブソンもいだきかけていたこの結論に、ウォールズは、ヤツメウナギ、高等魚類、両生類、爬虫類、鳥類、哺乳類など、脊椎動物の多様な眼の解剖学を検討することで到達していた。

たとえば、頭の両側にあるウマの眼は、それぞれが２１５度の視野をもち、視野は両眼で大きく重なっている。ヤギやウサギなどの草食動物でも同じである。この「パノラマ眼」とよばれている眼がとらえている世界は、一つの像には結ばない。

鳥の突き出た両眼は、それぞれ勝手な方向に向き急速に動く。各眼に二つずつ、両眼を合わせると四つの「中心窩(精度の高い視力が出る網膜の一部)」をもつ鳥がいる。さらに、飛行中に水平線の鮮明な視覚を得るためなのだろう、両眼を横断する「細長い帯状中心窩」をもつ鳥もいる。眼の上半分を水面上に出し、水面の上下の両方にいつも注意を向けている「ヨツメウオ」では、眼の解剖学的構造や機能も左右ではなく、上下に分かれている。

これらの脊椎動物の眼の解剖学が示す多様性は、両眼に一つずつの中心窩があり、そこに精細な像を集中して投映しているごく一部の動物の眼や、そのなかでも、手元での作業をモニターする働きが特に進化した霊長類の眼だけをベースにして、動物の視覚全体を議論することが間違いであることを示していた。

そして、昼夜の光の循環に対応し、水中や空中、水面や地面の上を移動し、捕食者から逃れ、餌を見つけるという活動のために使われているという点では、構造はまったく異なっていても、多様な眼のすべては同じように機能しているはずである。どれもが進化のもたらした環境への適応なのである。視覚の理論はいろいろな眼があることを前提につくられなければならない。分厚いウォールズの著書は多くの眼を紹介することで言外にそう説いていた。

この観点はギブソンを鼓舞しただろう。後にギブソンは、解剖学的構造の違いを越え、環境に適応している眼の機能の同一性を、昆虫のような無脊椎動物にまで拡張して次のように論じている。

眼とよばれる器官が環境から光を受容する方法は、大きく分けると二つである(図9)。多くの動物の光受容器の配列は、凸状か凹状のモザイクのいずれかで、凹状の眼(図9左)をもっているのは脊椎動物とイカやタコなどの軟体動物であり、凸状の眼(図9右)は昆虫など節

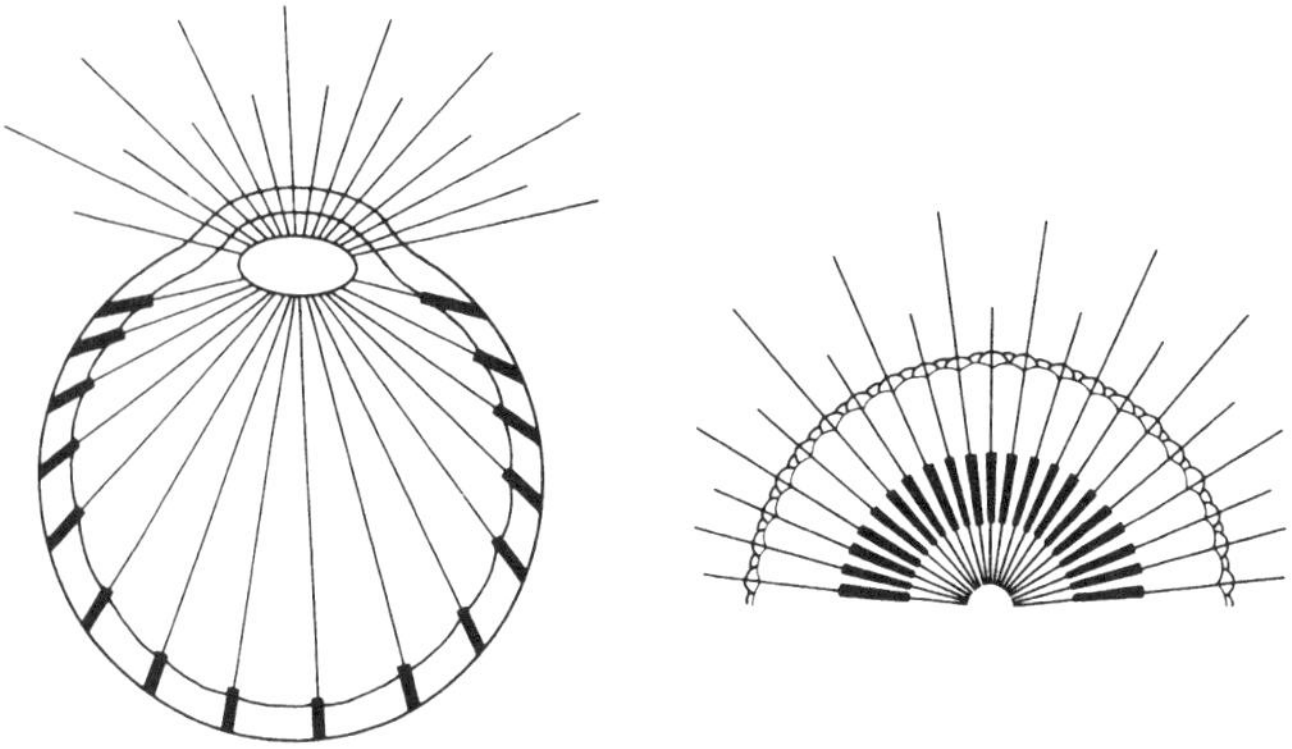

図 9　凹眼と凸眼．出典は図 8 と同じ．

足動物にみられる。凹凸に分かれる2種の眼は、まったく異なる仕組みをもっている。いわゆる複眼である凸状の眼には、レンズも網膜もない。したがって眼に入る光を1点に集めることも、像を結ぶこともない。複眼は、並んだ個眼が広角に開がり、いろいろな方向からくる光の強度差を受容している。昆虫の行動がよく示すように、それだけで十分な視覚が成立している。

ギブソンは、凹状眼と凸状眼では仕組みは異なるが、凹凸のどちらの眼でも、眼に入る光の順序は維持されているということ、つまり、外界から投映される光の構造、光の隣接性が保存されている点は凹眼も凸眼も同じであることを強調している。凹状眼と凸状眼との違いは、受容する光の順序が逆であることだけなのである。凹凸眼という、進化がもたらした動物の眼の二大潮流は、その仕組みこそまったたく違うものの、周囲の光配列に対応している点では共通している。

この事実が、ギブソン視覚論の成立に大きな力を与えた。比較形態学の研究は、「網膜像」だけから視覚を説明するのは誤りであり、眼とよばれる器官がしていることについては、この地球環境で生きているすべての動物の視覚器官に共通するまったく新しい説明の仕方を用意する必要性を示していた。

空軍での体験から約20年の年月をかけて、ギブソンは既成の視覚論の前提の一つ一つを克服した。そしていよいよ独自な理論が誕生する。

ギブソンは、1966年に出版した2冊目の著作『知覚システムとしての感覚』にまずその骨格部分を発表した。さらに13年をかけ、最後の著作『視知覚への生態学的アプローチ』が書かれ、理論は一応の完成をみた。

二つの本には、環境について、環境の中の情報がどのようなものであるのかについて、そして知覚者がどのようにして情報を得るのかについて、まったく新しいアイデアが示されていた。

その中心が光の理論であった。

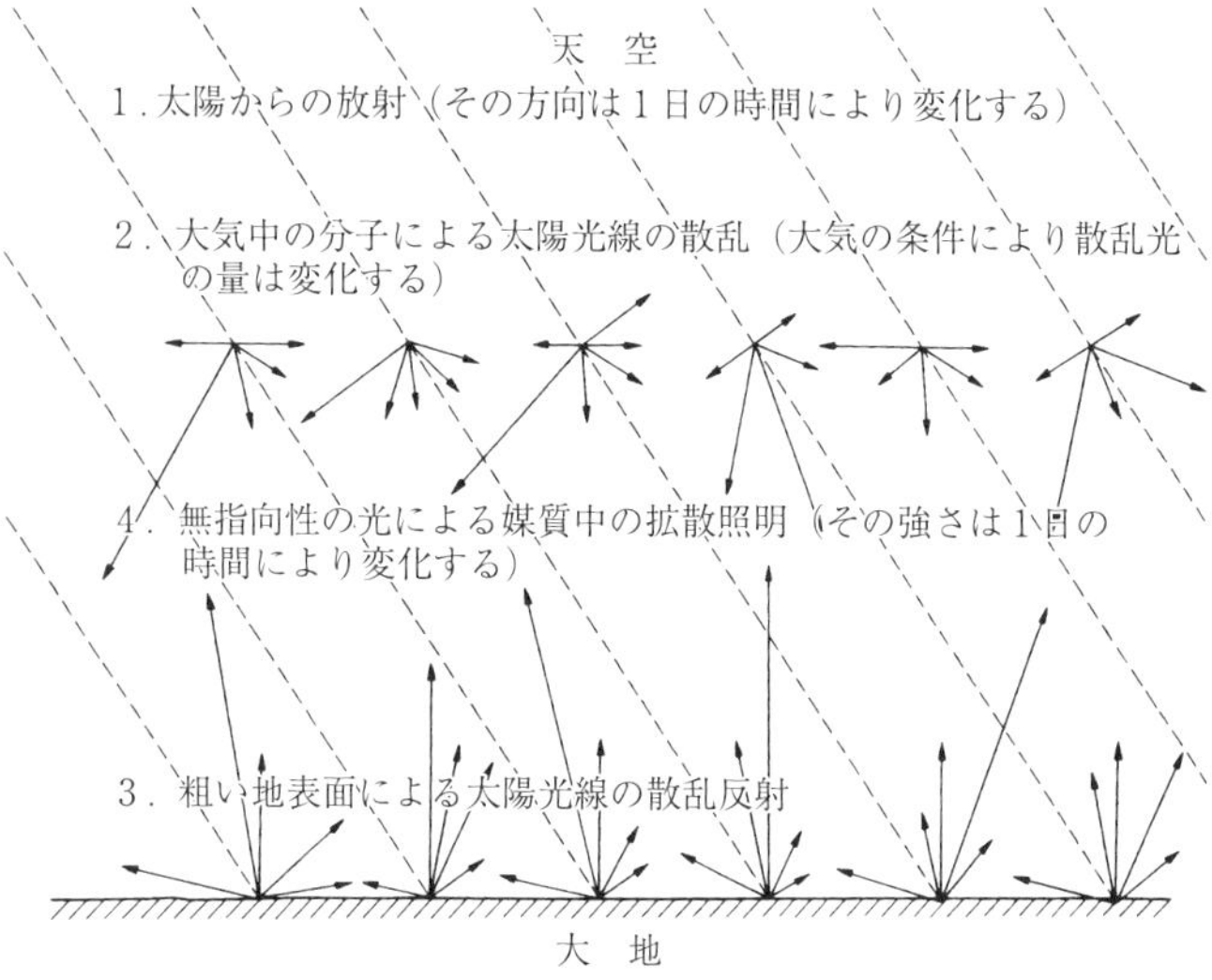

図 10　空の下の照明されている媒質内で散乱している光の定常状態. 出典は図 8 と同じ.

包囲する光

アフォーダンス理論の土台は、「生態光学（エコロジカル・オプティックス）」と名づけられた、新しい光についての考え方にある。

視覚にとって、光が決定的に重要であることは間違いない。伝統的な光学は、光の一つの事実である「放射」に基づいてきた。放射光は光源から直線的に一方向に進む。物理光学も生理光学も幾何光学も、放射光に基づく理論だった。

しかし、光源から空気中に放射した光は、ただ直進して眼に到達するわけではない。放射光は空気中に浮

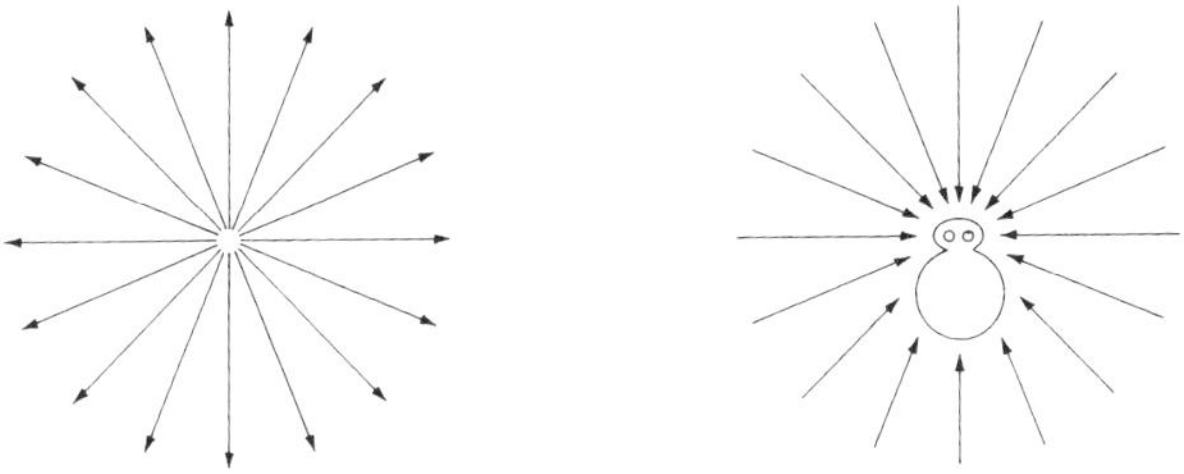

図 11　点光源からの放射光(左)と媒質内の 1 点への包囲光(右). 出典は図 8 と同じ.

遊している無数の微小な塵や、光を通さない物質の面、面にある細かなキメにある凹凸に衝突して散乱反射を起こす。光は高速(空気中では秒速約30万km、水中では秒速約23万km)で空気や水の中を行きかうが、多様な面への衝突を繰り返すことで、光が通過する「媒質」を明るさの定常状態で満たしている(図10)。媒質が散乱光で満たされた状態は「照明」とよばれる。放射光ではなく、この媒質中に「充満している」光である照明を視覚の基礎にすべきである、とギブソンはまず考えた。

繰り返す散乱反射の結果、照明されている空気中のあらゆるところでは、あらゆる方向からくる光が交差する。つまり環境の中の場所はどこでも、360度すべての方向からの光によって「包囲」されていることになる。この媒質中の1点を包囲する光をギブソンは「包囲光(ambient light)」(図11右)とよんだ。「包囲光」の存在はギブソンの発見であり、用語もオリジナルである。

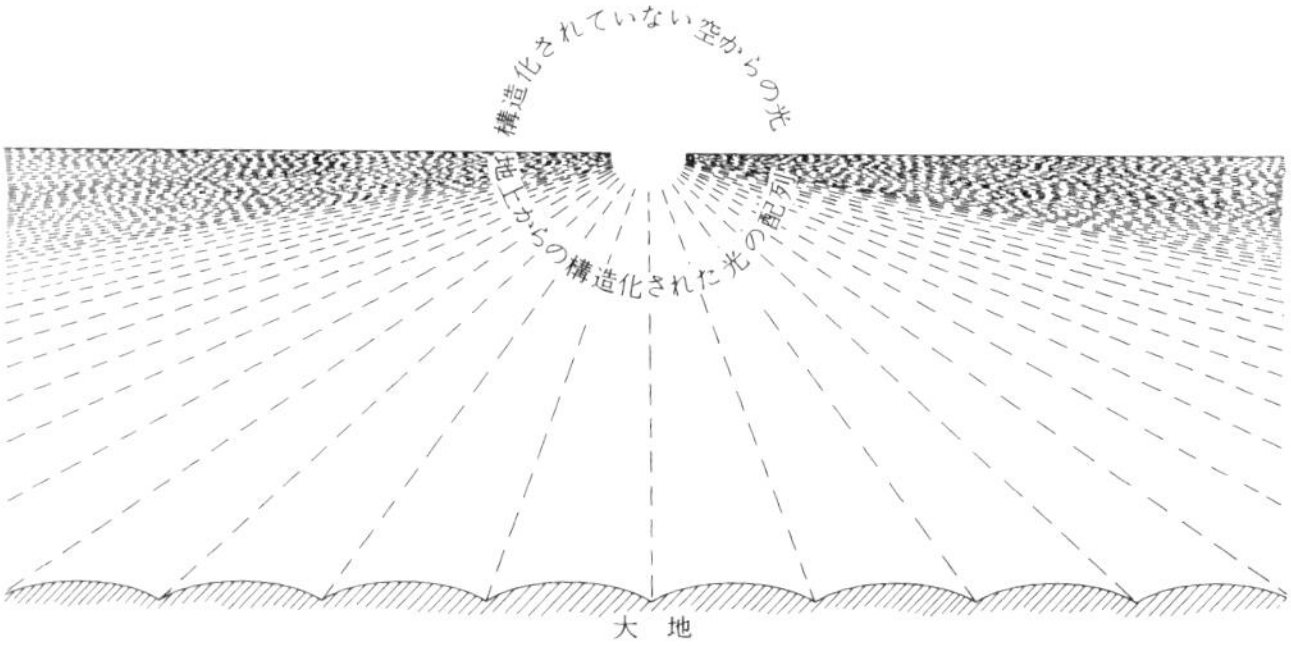

図 12　空の下に広がる戸外の起伏のある大地からの包囲光配列．出典は図 8 と同じ．

光源から直進する放射光が、眼への物理的な「刺激」でしかないのに対し、包囲光は視覚の「情報」となる。

図12に示したように、観察者が媒質中(空気中、水中)にいるとき、眼を包囲する光には、周囲の環境を構成する面のレイアウトが投映されている。この図では、眼はなにもない荒野に立つ人の頭部にある。荒野の地面上にできる包囲光の上半球は空からの光の投映である。空には面やキメが少ないので、包囲光の上半球の構造は粗い。一方、包囲光の下半球は地面のキメを投映しており、密な構造をもつ。荒野の地面上の眼はどこにいても、この上下で密度の異なる光のキメの構造に囲まれている。周囲の面のレイアウトに由来する包囲光の構造を、ギブソンは「包囲光配列(ambient array)」と名づけた。配列は構造のことである。この光の構造が周囲についての「情報」となる。

さてここで、読者はこのページから眼を上げて、しばし読者自身を囲んでいる(机の上かもしれない、窓の外かもしれない、電車の中かもしれない)包囲光の配列を観察してみてほしい。包囲光は面のレイアウトによって構成されているが、面にはキメがつくる小さな構造もある。**包囲光配列は想像以上に複雑であることがわかる。**

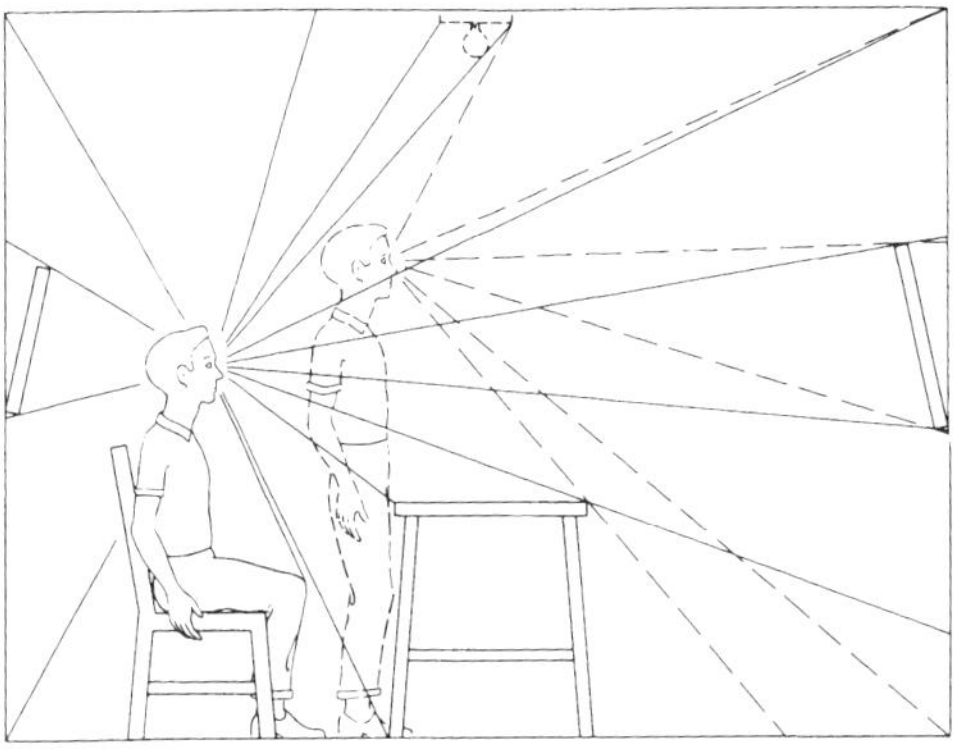

図 13　包囲光配列とその変化(点線であらわす).
出典は図 8 と同じ.

不変項(インバリアント)

包囲光から、私たちはどのようにして情報を得ているのだろう。

まず、球状の包囲光の構造に囲まれていることを確かめた読者は、つぎに図13の観察者のように、ゆっくりと立ち上がってみていただきたい(電車の中で立ち上がれない読者は頭を左か右へゆっくりと回してみていただきたい)。観察点が動くと、包囲光配列の構造には変化が起こるだろう。

図13に示されるように、包囲光は周囲の一つの面を、観察者に対して一つの角度(これを「立体

角」とよぶとして投映している。したがって包囲光配列の全体は、立体角が集まって、ある構造をなした球である。周囲のキメまでも投映した詳細な構造をもつ包囲光配列の全体のパタンは、観察者が環境面に接近すると拡大し、離れると縮小する。移動すると、立体角からなる配列には多様な変形が起こる。たとえば、頭を右に回すと右側の方に新しい構造が登場してくる。そして、これまで左部分を構成していた配列は、右側にあらわれた配列に置き換わっていく。眼の前に手をもってくると、接近する「手」を特定する包囲光の構造があらわれる。いままで視界の中心部分をなしていた構造(たとえば図13なら窓やその向こうの景色)は、手を特定する新たにあらわれた配列に置き換わる。

観察者の動きにともなって変化する包囲光配列の構造をギブソンは「遠近法構造」とよんだ。動くと変化があらわれるが、遠近法構造が変化することで、環境の「不変」が明らかになるとギブソンは考えた。

「変化から不変が知覚される」という原理については、さきにスクリーンに投映された針金の例で述べた。観察者が見ている周囲の面のレイアウトでも同じことが起こる。

たとえば「長方形のテーブル板」という面が包囲光に立体角として投映されていることを想像していただきたい。観察者がテーブルを見ながら、その周囲をゆっくりと回れば、テーブル板を特定する立体角はさまざまな台形へと変形する。台形の角や辺は移動の仕方によって多様に変化する。しかし変化にもかかわらず、「変わらないテーブル」が知覚される。この不変なテーブルの知覚を可能にしているのは、変化があらわにするテーブル板の性質である。テーブル板の見えは、観察者の視点の移動によってさまざまな台形へと変形するが、変形によってあらわれてくる台形の四つの角度の間には一定の関係があり続ける。つぎつぎとあらわれる四つの辺の長さにも一定の比率がある。もしテーブル板が正方形だったら、あらわれる4辺の比率は長方形とは異なる。長方形の場合も形によって不変な比率は決まっている。この変化しても変わらないことが、テーブル面がどのような「姿(シェープ)」であるのかを特定する。フォームの変化が、変わらないシェープを特定する。

ギブソンは、「変化の基底にある不変」を「不変項(インバリアント)」とよんだ。見るという行為で観察者が行っていることは、包囲光配列から不変項を「ピックアップ」することである。静観などといわれるように、視覚は止まって眺める感覚であるとも言われている。しかし、何かを見ている人の頭、眼、首、胴体、両脚、つまり全身は、微妙に、あるいは大きく、そしてよく動いている。不変項を知るためには、これらの動きが決定的に重要である。

もし私たちが「動かない動物」(これは言葉の矛盾であるが)ならば、固定された一つの包囲光配列に投映された立体角から、見ている対象が何であるのかをそのつど「推論」する必要

図 14　光点をつけた人．C. F. Michaels & C. Carello: Direct Perception, Prentice-Hall (1981) より．

がある。個々の立体角をつなげるためには「記憶」を必要とする。しかし、動きがあれば、そのような断片からの「推論」も、「記憶」も必要ない。情報が足りないならば、対象の不変項が得られるまで動き回って観察点を変えることで、情報を光の中に探せばよいのである。ギブソンが情報は「ピックアップ」されると書いた。ピックアップという用語は、不変項が情報の中にあって、観察者がそれをまるでつまみあげるように特定することを強調している。

もちろん、知覚者の移動だけが情報を生み出すわけではない。対象や環境それ自体の変化も情報となる。

人を知覚するときの動きの効果を明らかにするために、第2章で紹介したヨハンソンは、図14に示したような十数個の光点を人間の肩や腰などの関節部位につけ、暗いスクリーンに光点だけを提示する実験方法(パッチライト法とよばれる)を開発した。スクリーンで、光点が動かないときには、ただ無意味な光のパタンが知覚されるだけである。しかし、光点が動きはじめて全体の配列に変化が起こったとたんに、光点が人の身体についていること、つけている人が男性か女性か、さらには男を演じている女か、女を演じている男か、子どもか大人か、おおよそ何歳くらいか、というようなことまでが誰にでも見える。光点をつけた人が手にもつ荷物が軽いか重いか、どれくらいの重さか(5kgか20kgか)、それを放り投げたときに荷物が飛んだ距離(もちろん荷物に光点はついていない)なども知覚できることが確かめられている。

パッチライトが提示している身体の少数の面の変形だけから、身体の動きからあらわれる「不変項」を十分に見ることができるのである。

不変項を2種類に分ける研究者もいる。一つは、動物の「種(遠くに見えるのがハエかカか)」や「性(オスかメスか)」や「特定の人がその人だとわかる」などという、対象の恒常的な性質についての不変項である。これは「構造不変項」とよばれる。第2は、いま生じている変化がどのような変化であるのかを特定する不変項、たとえば他者がほほえんでいるのか、なにかの危険を予期して恐れているのかを表情から知覚する際の不変項のようなことで、こちらは「変形不変項」とよばれる。

目隠しをされて手にもたされたものがガラスのコップだと特定するのは構造不変項で、手に力を加えたときに、それが割れるかどうかを特定するのが変形不変項である。たとえば「両手で両端をもち、曲げつつある棒がもうすぐ折れる」ことを特定する棒のしなり方、そそぐ音がじょじょに変化して「水がそろそろあふれ出る」ことを特定する容器のかたちがもたらす独特な音の高さの変化、「向かってくる自動車がもう少しで自分の前を通りすぎる」ことを特定する自動車走行音の変化などは「出来事の終わり」をあらわしている変形不変項である。これらの例で明らかなように、不変項は視覚だけではなく、聴覚、触覚などの情報からも知覚される。

身体は複雑に動く、それに伴い環境を特定する情報も多様に変形する。観察者が不変項を特定するために利用している変形を記述することは、既成の幾何学を動員してもおそらく難しいだろう。生態光学が科学として完成するためには、数学だけではなく、動物の動きをベースにして環境の変化を分類し記述する「生態幾何学」とよばれるような領域が構想されなければならないとギブソンは考えていた。生態幾何学が体系化されるのは遠い将来だろう。しかし、動物が変形から不変を知覚しているという事実は変わらないのである。

遮蔽と入れ子

包囲光が特定することの中で、おそらくもっとも重要なのは、部分の変化のすべてを同時に含む「環境の全体」についての情報である。

ギブソンは、どこかに立って環境を見ている者は、「いまの視覚に投映されている面だけではなく、環境の全体のレイアウトを見ている。つまり、物は隠されている部分を含めて、ぜんぶが見える」のだ、と書いた。もちろん知覚者が移動しなければ、全体を見ることは不可能であるが、頭を回し、移動すれば、いまの視界を覆っている物の後ろにある物が見えてくる。こうした探索を続ければ、じょじょにいくつかの部屋からなる家屋の全体、家並みが道を隠す街の全体のようなことが見えてくる。

包囲光には、遮蔽している面と、遮蔽されている面、そしてその二つの面の関係を特定する情報が投映されている。遮蔽面と被遮蔽面の関係は、二つの面の縁に生ずる光の変化にあらわれる。たとえば頭部という全体では、頭部が上下や左右に動いたときに生ずる、顔面や頭回りを構成するたくさんの小さな面どうしの間に生ずる遮蔽が光の情報になる。

全体を知るための移動は数cmから数mのこともあれば、もちろん数kmと長いこともあるだろう。重要なことはこの探索のための移動が可逆的(リヴァーシブル)であるということだ、とギブソンは言った。そしてこの遮蔽に基づく知覚の法則を「可逆的遮蔽(occlusion)の原理」とよんだ。つまり、どのような対象でも場所でも、その全体を特定する情報は、対象や場所のあるところに保存されているので、その周りを行き来すれば、その情報は何度でも繰り返し特定できるのである。

包囲光という、視覚をまったく新しく説明し直した情報の単位について、ギブソンは『視知覚への生態学的アプローチ』(著者抄訳)に以下のように書いている。

「(包囲光配列を構成する)立体角がどんなに小さくても、その断面はユニークな形をもっている。したがってそれは座標上で任意に位置を決定するしかない光線とはまったく異なる。立体角の集まった扇形は、ある観察点での包囲光の球の全体を埋めているが、一つの立体角の中には他の立体角が埋め込まれているので、立体角の和は球にはならないということが重要である。(略)包囲光配列は、平面に描かれた絵とはまったく異なるものである。包囲光配列には切れ目がない。それは分離した点や斑点から成り立っているわけではない。包囲光配列は完全に満たされており、どの部分も、それよりも小さい部分から成立している。包囲光を構成する立体角がどれほど小さくても、その境界の内側には常に別の形がある。」

包囲光配列を構成している立体角は「入れ子(nesting)」、区切れのないつながりである。立体角には立体角が埋め込まれている。観察者の動きが、いま包囲光にはまだ投映されていない、立体角をじょじょにあらわにしていく。移動とは環境の面のレイアウトの広がりを、それを投映する光に探ることである。観察者が動けば、包囲光の入れ子の構造があらわれてくる。どの包囲光の構造も、さらに構造を「包摂」している。だから、移動すれば環境の

「全体」が見えてくる。

認知論やシステム論では、ローカル（局所）とグローバル（大域、全体）をどのようにつなぐのかという問題をめぐって、多くの議論がなされている。これは、現代科学が抱える大きな謎の一つであろう。ギブソンは、空気の一部が周囲の面から散乱する光の投映によって構造化されているというただ一つの具体的な事実から、この謎に応える情報の理論をつくりあげた。「情報は光の中にある」という主張はエコロジカル・アプローチの核心である。

4 エコロジカル・リアリズム

エンバイロンメント(環境)は、私たちを「囲むところ」を意味している。包囲光に基づく生態光学は、取り囲む光が情報に満ちていることを示した。

19世紀以来、心理学は、人が環境から入力するのは刺激であり、意味は中枢でつくられると説明してきた。情報は、脳による刺激の加工の結果だと考えられてきた。ギブソンの「生態学的アプローチ」はこのモデルと対立している。

直接知覚説

伝統的モデルは、知覚を説明するために、刺激(環境)とその入力(動物の感覚受容器)、そして刺激を加工する「中枢」機構の「3項」を必要とした。このモデルでは、環境と動物の間に両者を媒介するものが置かれ、二つを隔てている。ギブソンはこの考え方を「間接(indirect)知覚説」とよんだ。

一方、包囲光は刺激ではなく情報である。空気中の光が情報であるならば、動物は光に意味を探せばよいだけであり、光を加工し、推論する必要はない。つまり知覚は、環境とそれに意味を探す動物の「2項」だけで説明できる。ギブソンは自身の理論を「直接(direct)知覚説」とよんだ。「直接」といっても、反射的にとか、すぐさまにという意味はまったくない。直接知覚説は、環境と動物だけで、その間に特別なことを介在させずに知覚について考えることができるという主張である。

ギブソンは、環境と動物の出会いである知覚過程を「意識(アウェアネス、awareness)」とよび、記憶や想像、あるいは思考のような過程である「自覚的意識(コンシャスネス、consciousness)」と明確に区別した。直接知覚説は、動物に自覚的意識が存在することを否定しているわけではない。アプローチすることの困難な自覚的意識から議論をはじめる前に、まず環境と動物が出会うところで起こっていることから検討すべきだ、という主張である。知覚することは、内省や、言葉にできることをはるかに超えているからである。

「特定(specify)」あるいは「特定性(specification)」は、ギブソンの直接知覚説のアイデアを凝縮した用語である。2種類の特定性がある。一つは、身体の知覚システムによる情報(包囲光や包囲音のような)の特定である。知覚システムの働きについては第5章で紹介する。もう一つは、情報(光や振動など)による環境の意味(主に面のレイアウト)の特定である。

では、情報が特定する環境はどのようなところなのだろう。いよいよアフォーダンスが登場する。

アフォーダンス

アフォーダンス(affordance)は、英語の動詞アフォード(afford)を名詞化したギブソンの造語である。動詞アフォードを辞書で引くと、例文としてCows afford milk(メス牛はミルクを与える)とかMusic affords pleasure(音楽は喜びを与える)などがある。アフォーダンスは「環境が動物に与え、提供している意味や価値」である。よいものでも(食物や住まいのように)、わるいものでも(毒や落とし穴のように)、環境が動物のために備えているのがアフォーダンスである。

ギブソンは、環境が空気、物質、そして面の3種から構成されているとした。これらのどれもが、アフォーダンスである。

媒質(空気)

空気は、まず陸に棲む動物に酸素を与え、生きることを可能にしている。地上の空気の中には、動物の移動を妨げる面がない。したがって空気の中では、動物はどこへでも行くことができ、また物を運搬できる。

空気は、約80％の窒素と、約20％の酸素、他にアルゴン、二酸化炭素などからなる気体であり、きわめて高い均質性をもつ。それは無色、無臭、透明で、何も描かれていない白いキャンバスのように、その中のどこかで何かが起きたとき、それを変化として周囲に伝える。

透明な空気は、包囲光で満たされている。また物質どうしの衝突から生じる振動を周囲に伝達している。物質の溶解、揮発、燃焼などから生じる微小な化学物質の飛沫を部分的に拡散させている。さらに空気中では、重力軸が上から下に垂直に貫いている。

これらの性質のすべてをもつ空気は、陸棲動物にとって、呼吸、移動、視覚、聴覚、嗅覚、地面への定位のアフォーダンスである。つまり空気は、動物に、生存すること、移動してさまざまなところへ行くこと、周りを知覚すること、地面に対して一定の姿勢をとり続けることを与えている。これらの性質の一部は水にも同様にある。したがって海水や湖水、河川の水は、水棲動物にとってのアフォーダンスである。

透明で豊富な情報で満たされている空気と水は、何よりも知覚の「媒質（ミーディアム、medium）」なのである。

物質

空気が均質であるのに対し、物質(substance)は元来、不均質である。物質のどれをとっても、化学的、物理的組成が異なり、硬さ、密度、粘性、弾性、可塑性、化学的安定性、抵抗力、光の吸収のしやすさなどが異なる。

物質は硬いので、動物の移動を妨げ、光を吸収し、伝達しない。物質は、そのかたちを変えることで住居や道具や武器などを製作できる。そして複雑な混合物である物質のごく一部が食物となる。

物質はすべてを数えあげることができないほど多くのアフォーダンスを動物に与えている。

面のレイアウト

物質と媒質(空気)の間には、面(サーフェス)がある。

媒質に物質が露出しているところが面である。面には物質の構成をあらわすキメ(テクスチャー)がある。動物の活動のほとんどが面で行われ、面では光が反射・吸収される。動物は面に直接、触れることができる。面では蒸発や燃焼などの化学反応が生じる。つまり、面とその周辺では情報が生ずる。

面には粘性や凝集性があるので分解や崩壊に抵抗している。環境中の最大の面は地面であるが、この面の変化への抵抗性が、地面の上を動物が移動することを可能にしている。硬い物質面が地面に垂直に突き出た「壁」は風を防ぎ動物の移動を妨害する。硬い面を積み重ねて、地面に対して水平にレイアウトすることもできる。それは雨や雪や強い光を防ぐ「天井」になる。面の一部をくりぬいて、「入口」や「窓」にすることも、削って「階段」にすることもできる。このように動物は面のレイアウトで媒質の一部を取り囲み、気象の変化や捕食者を避けるために巣や住居をつくってきた。

面のレイアウトは、動物に、身を隠すこと、安全に生活することのアフォーダンスを与えてきた。

オブジェクト

面のレイアウトが、あまり大きくなく、重さもそれほどでなく、媒質によって完全に取り囲まれていれば、それを動かすこと、地面から持ち上げて場所を移動させることができる。このような性質をもつ面のレイアウトをギブソンは遊離物(デタッチド・オブジェクト)とよんだ。「地面から切り離せる物」の意味である。もう一種のオブジェクトは、面のレイアウトの一部が地面とつながっていて、地面から切り離せない付着物(アタッチド・オブジェクト)である。ギブソンは対象をきわめてシンプルに、この2種類に分けた。

遊離物は、小枝、棒、石ころ、宝石、積み木、器、衣服、書物、あらゆる小ぶりの道具などで、それは数えあげられないほど多種ある。人は周囲にたくさんの遊離物を置いている。一方、典型的な付着物は、建築物や樹木であるが、部屋にある大きな戸棚やベッドなど、1人ではとても動かせないほど重い、大きい家具も付着物の性質をもっている。

私たちの生活は、あまり位置を変えることがなく、いつも同じところにあり続ける付着物と、ほぼ毎日のように、それらを使用する食卓上などでは分単位でその位置を刻々と変えている遊離物からレイアウトされている場所で営まれている。

付着物と遊離物からなるレイアウトを街や住居の内外につくりあげて、そのレイアウトを変え続ける、というのが、人の行っているもっとも基本の活動である。その活動は、土木、建築、園芸、インテリアデザイン、掃除など、さまざまによばれている。遊離物と付着物からなる場所アフォーダンスを、誰でも、生涯にわたり探っている。

生態幾何学

面の割れ目や窪みのように、面と面の接合部のレイアウトは多様である。それらは、ひび、棒、繊維、縁、隅などとよばれているが、刃物などの多くの道具は、面と面の接合部のレイアウトのアフォーダンスを利用している。動物は面の縁に、多種の意味を発見してきた。

面は小さな面で埋め尽くされている。この微小な面のレイアウトであるキメには、動物の老い(皮膚の加齢変性)、物の食べごろ(熟れ具合)、繊維の質などの情報が露出しており、動物はそれを視覚や触覚、あるいは嗅覚で特定することができる。

ユークリッド幾何学は、平面(色がなく透明)、空間(何もないところ)、線(幅がない)の3要素で世界をあらわした。私たちはユークリッド幾何学の用語になれている。ギブソンは、この伝統的な幾何学は、こころの中でだけ描くことのできる抽象世界の幾何学であり、リアルな環境をあらわすためには、「面」(色があり、不透明で、片側だけで裏がない)と「媒質」と「縁」の三つで語るべきだと提案した。新しい応用幾何学は、「生態幾何学」と名づけられた。

出来事(イベント)

動物がその上にいる面には、レイアウトの変化、より小規模なキメの変化、面の存在の変化が起こっている。そのすべてはエコロジカルな「出来事」である。

周囲では、いつも面のレイアウトの変化が起こっている。たとえば、遊離物が移動し回転している。衝突やそれによるかたちの変化も起こる。いつも変形し続ける面がある。海面や湖面の波立ち、川の流れのような出来事である。面の存在が変わってしまう分裂、破壊、爆発などの出来事も稀に起こる。

面のキメ(色)には、植物の生長、動物の身体状態の変化という出来事を見ることができる。植物では、葉の光合成の停滞(紅葉)のようなことが起こり、動物の身体のキメにも、体毛の季節変化がある。また無機物である地面も、岩の風化、鉄の酸化などで変化している。いずれも、面の小さなレイアウトの出来事である。

液体が気体になる霧や、気体が液体になる雨、流れが固体になる氷結、固体が液体になる溶解、あるいは動物身体の増大である成長や縮小である衰えや老化は、面の存在自体が変わってしまう変化である。

これらの多種の出来事は、周囲にある意味の一部である。出来事とは、開始と終了のある変化のことで、それは面の変化として知覚される。

ギブソンは、「直接知覚されるべく存在しているのは物質、媒質、面、レイアウト、出来事である」とした。さらに「アフォーダンスはこれらリアルなことの不変な組み合わせである」とも述べた。アフォーダンスとはこのように、環境の持続的な性質とその変化であり、そして、持続と変化の組み合わせのことである。

エコロジカルな自己

図 15　ビジュアル・エゴ．出典は図 8 と同じ．

包囲光の構造には、もう一つの見逃せない情報が含まれている。それは観察者自身についての情報である。

図15は、エルンスト・マッハが「ビジュアル・エゴ（視覚的自我）」とよんだ、視野としての自己を描いている。この図の視野には、境界とその「内側」がある。境界をつくり、周囲を隠しているのは、この眼をもつ者の身体である。両眼が頭部の前面に並んでいる人間では、後ろの景色、つまり周囲の半分は常に隠されているが、隠しているのは自分の身体である。隠れているところとして、常に自分の身体が「見えている」ことになる。

一方、実際に見えているところに起こる変化は、自己の姿勢や移動の方向、移動の速度や加速度についての情報にもなっている。あらゆる移動者、パイロットやドライバーやランナーは、その情報を利用している。

環境の変化が自己知覚の情報でもあるのは、視覚に限られない。音の聞こえは、音のする方向への自分の頭の向きや、音源との距離についての情報となる。物を触ると、触っている自分の手や皮膚の状態も同時に知ることができる。食物を味わうことは口唇や舌の動き具合、そして歯や喉の状態を知ることでもあり、さらには食事によって、胃腸の調子を「味わう」こともできる。

環境を知覚することが自己を知覚することであることを実験的に示す一連の研究がある。たとえば、カエルの視覚では、身体のサイズが決定的な役割を果たしている。ある種のカエルは、前方のすき間が自身の頭部の幅の1・3倍以上ないと、そこに向かってジャンプしていかない。カマキリは、獲物である他の動物が、自分の前肢の長さとその先端にある鎌状の前肢の幅で捕まえることのできるサイズの範囲内に入るときにだけ捕獲動作を開始する。

人も同じである。ウイリアム・ウォーレンは、数m先の部屋の壁に横棒をスライドで投映して上下に動かした。そして、どの位置なら「脚だけで登れる」段の高さかを観察者に判断させた。平均身長約160cm、190cmの二つのグループで、ぎりぎり「登れる」バーの高さは、観察者の股下長の0・88倍だった。

種々の幅の「すき間」をすり抜ける人の肩の動きを天井に取りつけたビデオカメラで撮影

すると、すき間幅が肩幅の1・3倍を下回ると、肩が急速に回りはじめる。つまり、肩幅の1・3倍を境界として、それより狭いすき間は「からだを回さなければ通過できない」ところと知覚されていることがわかった。

環境はいろいろな方法で測定できる。ふつうは「メートル法」など、元々は天文学や物理学が決めた値を基準に計測している。ここに紹介したカエルや、人の行為の基準である1・3や、0・88という値は、動物の身体サイズの一部で行為に関連する環境を割った値である。円ならどの大きさでも直径に3・14(π)をかけると円周が求められるように、これら、行為の転換点を意味する値は動物の身体サイズにかかわらず一定である。行為可能性を身体サイズから決めているこの値は「生態学的パイ(π)値」とよばれている。

種々の「生態学的π値」が発見されている。「手を使わずに座れるイスの高さ」は脚の長さの0・9倍で、提示されるバーを「くぐる」か「またぐ」かについて大学生に聞くと、答えは知覚者の脚の長さの1・07倍のところを境界にして変わる。1・07よりも低いバーは「またぐ」、それよりも高いバーは「くぐる」行為が妥当だと見える。もちろん、実際に、身体の「サイズ」だけが知覚される行為基準を与えているわけではないだろう。たとえば高齢者を対象とした研究では、脚の長さよりも全身の柔軟性の方が、より適切に「登れる最大の段の高さ」の基準となることが示されている。

これらの研究は、行為者が環境の面の配置に見ているものが、行為の「意味」であることを示している。カエルはすき間に「飛び抜けられる」あるいは「飛び抜けられない」という意味を、カマキリは「前肢先端部の大きさ」と「腕の伸び」をベースに獲物が「つかめる」か「つかめない」かという意味を見分けている。

ちょっと試してみよう。おそらく読者にも「行為の可能性」が見えているはずである。

頭をこの本から少し上げて、前の机の上を見ていただきたい。机の端にあるペン立てには手先が届くだろうか。そのペン立ては、イスの背もたれに背をつけたままの姿勢では「届かない」と知覚されるかもしれない。しかし腰を曲げて背をイスから離して上体を最大限倒せば「届く」と知覚されるかもしれない。とすればその届くという知覚には、読者の手の長さと腰部の柔軟性を合わせた身体感覚が加味されていることになる。

ものに手を伸ばす行為の場合は、なぜか私たちは自身の手の届く長さを、ほんの数 cm であるが、過大に評価することが知られている。しかし、視覚判断は、そう大きくはずれないはずである。包囲光配列とその変化の中には、環境の性質とともに、あなた自身の行為の性質が見えているのである。

環境と行為の同時性

ギブソンは、アフォーダンスとは「環境の事実であり、行動の事実でもある」と述べた。「すり抜けられる」、「登ることができる」、「つかむことができる」などは、たしかに行為と環境のことを同時に言っている。アフォーダンスは一つの言葉で、環境と行為の両方をあらわしているが、この同時性は情報にもある。

たとえば視覚の場合、観察者が動くとき、包囲光の観察者自身の動きを特定する部分と、環境を特定する部分は一挙に変化する。包囲光のマクロな変化(たとえば街の景色のような大きな流れ)は観察者の移動を特定し、包囲光の下部でリズミカルに動く小さな部分の変化は、移動者の両手や両足の動きを特定しているだろう。変化が特定するのは観察者の動きだけではない。景色のマクロな変化は、変化によってあらわれる不変なこと、つまり周辺の地形や、その中にある街の家並みや路の形状なども特定している。包囲光下部の変化も、手の動きという変化を特定しつつ、いつもと変わらない自分の手足のかたちと、その先にある物の不変な姿(いつももっているバッグや履きなれた靴)を特定している。

このように包囲光には、変化項と不変項という情報の両方が同時にある。変化に注意を向けると自分の動きの性質が、不変なことに注意を向けると環境の持続する性質が見える。それで「見る」ことは常にこの二つに意識を分散することである。

ギブソンは、「知覚者は、変化項は変えられるが、不変項は制御できない。そのことに気づくことが重要である」と述べている。動物の子どもは、長い時間をかけて情報に注意して、じょじょに自分の身体を「制御可能」にすること、うまく操ることを学び、そして同時に「制御可能な変化とともにあらわれる不変」の存在を知る。そして、さらにもう一つ、変化ではあるが、「制御不可能な変化」(たとえば気象や崖から落下する岩)が周囲にたくさん生じていることにも気づくようになる。環境にもそれを特定する情報にも、多様な変化と多様な不変が同時に詰まっている。

アフォーダンスは環境に実在する

アフォーダンスに戻ろう。アフォーダンスは事物の物理的な性質ではない。それは「動物にとっての環境の性質」である。アフォーダンスは、知覚者の欲求や動機、あるいは主観が構成するようなものではない。それは、環境の中に実在する行為の資源である。

さて、ここで身近な例で、アフォーダンスを具体的に感じることにしよう。紙のアフォーダンスである。まず部屋の中に、1枚の紙を見つけていただきたい。その紙はあなたの両手で破ることができるだろうか？　たいがいの紙は破ることをアフォードしている。紙には引き裂くアフォーダンスがある。しかしもしあなたが見つけた紙が「厚いダンボールの小さな切れ端」ならば、それは紙であっても破ることをアフォードしないだろう。つまり破れないと知覚されるだろう。ただし読者が特別な握力をもっていれば別で、小さなダンボールの切片も「破れる」と知覚するはずだ。

ではつぎに、見つけたその紙でこの小さな本は包めるだろうか？　これは紙の大きさと厚さと、あなたの包装スキルに依存する。あなたがアルバイトなどで豊富な包装の経験をもつならば、どんなにぎりぎりの大きさの紙でも、この本を包むことをアフォードしたはずだ。さて、見つけた紙を丸めると、どれくらい遠くまで飛ばせるだろうか。部屋の隅のゴミ箱まで届くだろうか。窓の外へ放ることができるだろうか。これは紙の素材、重さ、丸め方、投げ方などに関連している。これらが、その紙にあるアフォーダンスのほんの一部である。

紙でなくともよい。1本の棒、1個の器を見て、触れて、爪ではじいて音を聞くと、そこにも多くのアフォーダンスが発見できる。同じものを見ても、人によって異なるアフォーダンスが知覚される。だから環境の中のすべてのものに、アフォーダンスは「無限」に存在していることになる。

アフォーダンスは環境の事実であり、かつ行動の事実である。しかし、アフォーダンスはそれと関わる動物の行為の性質に依存して、あらわれたり消えたりしているわけではない。さまざまなアフォーダンスは、発見されることを環境の中で「待って」いる。アフォーダンスの実在を強調するので、ギブソン理論は「エコロジカル・リアリズム（生態学的実在論）」

ともよばれる。

一つの例で、アフォーダンスのリアリズムを説明しよう。

山道を横切る川に、丸太を削った古い橋が架かっていたとする。その橋は体重１００kgの知覚者には「渡れない」、50kgの者には「渡れる」橋に見えたとする。この場合、１００kgの者に「渡れない」ことをアフォードした情報も、50kgの者に「渡れる」ことをアフォードした情報も、ともにその橋に実在することになる。では、二つのアフォーダンスが知覚者の「主観」にではなく、あるいはそのつど生じる知覚者との「関係」にではなく、橋そのものに実在することをどのようにすれば証明できるのか。

一つの方法があるだろう。１００kgの者に50kgまで減量するように言うのは酷なので、50kgの者に50kgの重りを背負わせることにする。おそらく、重りを背負った途端に、それまで「渡れる」と見えていた橋が「渡れない」と見えるようなことはないだろう。荷を背負って重りつきで「体重」が１００kgになった者が、もともと１００kgの者が見ていた「渡れない」という橋にあるアフォーダンスを知覚できるようになるまでには、少しは時間をかけた、その状態での環境との「接触」経験が必要である。重りをつけて、数時間歩き回った後に、もう一度橋の前にやってきて、おそるおそる橋を片足で揺らしてみるようなことをするかもしれない。これまでは観察することのなかった、橋の太さや古さ、微妙な揺れやたわみ具合に注意するようになるのかもしれない。いずれにしても、重りを背負った者もいつかは、100kgの者が見ていた「渡れない」というアフォーダンスを、光や振動からピックアップできるようになるはずである。

つまりどのアフォーダンスも、誰のものでもある。アフォーダンスは誰もが利用できる可能性として環境の中に潜在している。すなわち「公共的」である。

意味の公共性

アフォーダンスは、誰でも利用できる資源として環境にある。アフォーダンスは、リアルであり、プライベート(私有)ではなくパブリック(公共)である。エコロジカルな意味や価値の公共性は、知覚者の行為が「柔軟性」をもつこと、すなわち、経験や発達によって行為がその多様性の幅を広げ、同じことを異なる仕方でも行えるようになることに根拠づけられている。さらに、アフォーダンスを特定する情報が、マルチモーダル(多重感覚的)であることも公共性を保証している。

ギブソンは、アフォーダンスを特定する情報の公共性について次のように書いている。

「1個体の動物の環境はすべての動物の環境でもあるのだろうか。2人の観察者が同時に同じ場所にいることがないとすれば、2人の観察者は決して同じ環境をもち得ないのではないだろうか。だから、各観察者の環境は「私有」のものではないのか。これは哲学的な難問に思える。しかし間違った問いである。

媒質中にある移動の路は観察点の集合を構成している。生息地の中で、時間さえかければ、どの動物個体も、同種の他の動物たちと同じ路を移動できる。二つの個体が、同時に同じ場所にいることはないということは正しい。しかし、どの個体も路のあらゆる場所に立つことができるので、すべての個体は異なるときになら、同じ場所に立つことができるとは言える。だから、生息地のレイアウトが持続する限り、そこに生きているすべての動物は、等しくそこを探索する機会をもっている。この意味で、環境は1人の観察者を囲むと同じように、すべての観察者を取り囲んでいる。」(『視知覚への生態学的アプローチ』から著者抄訳)

伝統的な知覚論は、意味は内的構成物で、それは知覚者に「私有」されているとしてきた。しかし周囲に意味があるのなら、そしてそれが環境を移動するすべての動物たちにとって平等にアクセス可能なら、それは公共的である。媒質中に情報があるという事実が、意味の公共性に根拠を与えている。

ただし、情報やアフォーダンスの探索が容易であるわけではない。すでに述べてきたが、ある種のアフォーダンスを知覚するためには長い経験が必要だろう。アフォーダンスを特定する情報をピックアップするために更新し続ける身体の動きを、ギブソンは「知覚システム」とよんだ。次章では、視覚以外の「知覚システム」について紹介しよう。

5 知覚システム

1980年代から、アメリカのコネチカット大学「知覚と行為の生態学的研究センター」を中心に、「触覚システム」の研究が精力的に行われた。テーマの一つは「触ることによる長さの知覚」である。

停電で暗闇になった作業場で適当な長さの棒を探す場面を想像してほしい。「長さ」を知覚することは、棒が見えればいとも簡単である。しかし、明かりがない時には、手で触ることで棒の長さを知るしかない。片手だけしか使えない場合、もっともよく観察される手の動きは、棒の端から端まで手をすべらせる動きだろう。このときには、手の動きが「能動的」であることが重要である。誰かに手をつかまれて、棒の上を動かされたり、固定して動かない手の上を誰かが棒をすべらせたりしても、長さを正しく知ることは難しい。動きの速度によって知覚される棒の長さは変わる。ギブソンは、知覚者が手を思いのままに動かして、対象に触れることを「アクティブ・タッチ(能動触)」とよんだ。

物のかたちを知るために、5本の指でよく触り、掌の中で動かしたり、なでたりというのはまさにアクティブ・タッチだが、物の一部をもって「振る」という方法もある。棒をわたされると、端を握ってなにげなく振るものである。確かに、棒の長さが異なると、振ったときの感触が違う。この「感触」は長さと関係しているのだろうか。

ヨセフ・ソロモンらが作成した実験の装置は実に簡単だった(図16)。被験者は右手(利き手)に7種類の長さ(30から120cmまで、15cmずつ異なる)のアルミ棒をランダムにもたされ、自由に振って「棒が届くと思う距離」を、左手で紐で動かせるパネルの位置をスライドさせて、指し示すようにいわれた。もちろん棒そのものは見えない。また、棒で区切りのカーテンにふれてもいけない。腕は椅子のアームに固定され、動かせたのは手首だけで、許されたのは、宙で「振る」ことだけである。結果として得られた「知覚された長さ」と「実際の長さ」はよく対応していた。長さの15cm違う棒が相互に混同されることはなかった。個人差も少なく、棒の重さを3倍にしても、振る手を非利き手にしても、振り幅を小さく制

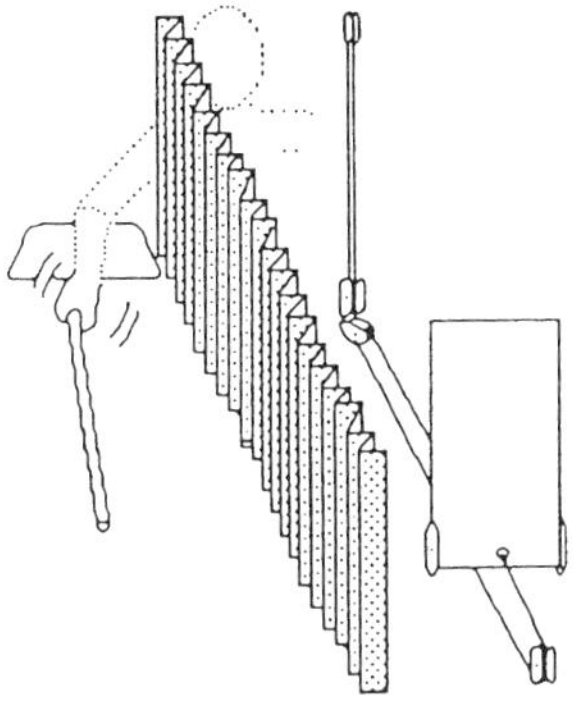

図**16** 振ることで長さを知覚する．H. Y. Solomon et al.: J. Exp. Psychol., **15**, 58(1989)より．

限しても結果は変わらなかった。ただ「振る」だけで長さは知覚できた。

物の情報を探索するために、振る、つつくなど、手はさまざまに動く。このような手の動きは、総称して「ダイナミック・タッチ」とよばれる。アクティブ・タッチの一種である。

不変項としての慣性情報

「長さ」を知覚するためのダイナミック・タッチでは、どのような情報が利用されているのだろう。候補はいくつもあがっている。たとえばすぐに思い浮かぶのは、棒の回転力(トルク)や、棒に接触している手の皮膚面の変形などであろう。しかしこれらは、棒が同じでも振り方によって刻々と変化する。したがって、棒の「長さ」という不変を特定する情報にはなりえない。

棒が同じならば、振り方をいろいろ変えても変わらない値がある。それは外からの力に抗して回転運動しつづけようとする物の性質、力学の「慣性モーメント」値、わかりやすくいえば「振りにくさ」である。慣性モーメントは、手でもった物の位置を原点(質点)とする3次元座標で、物の先端の位置までの距離の2乗に質量をかけた値で、質量の「位置」を特定している。つまり慣性モーメントの値は、長さとよく相関する。同じ長さの棒でも、重りをつけると慣性モーメントは大きくなるが、先端に近く重りをつけるほど、棒が長く知覚され

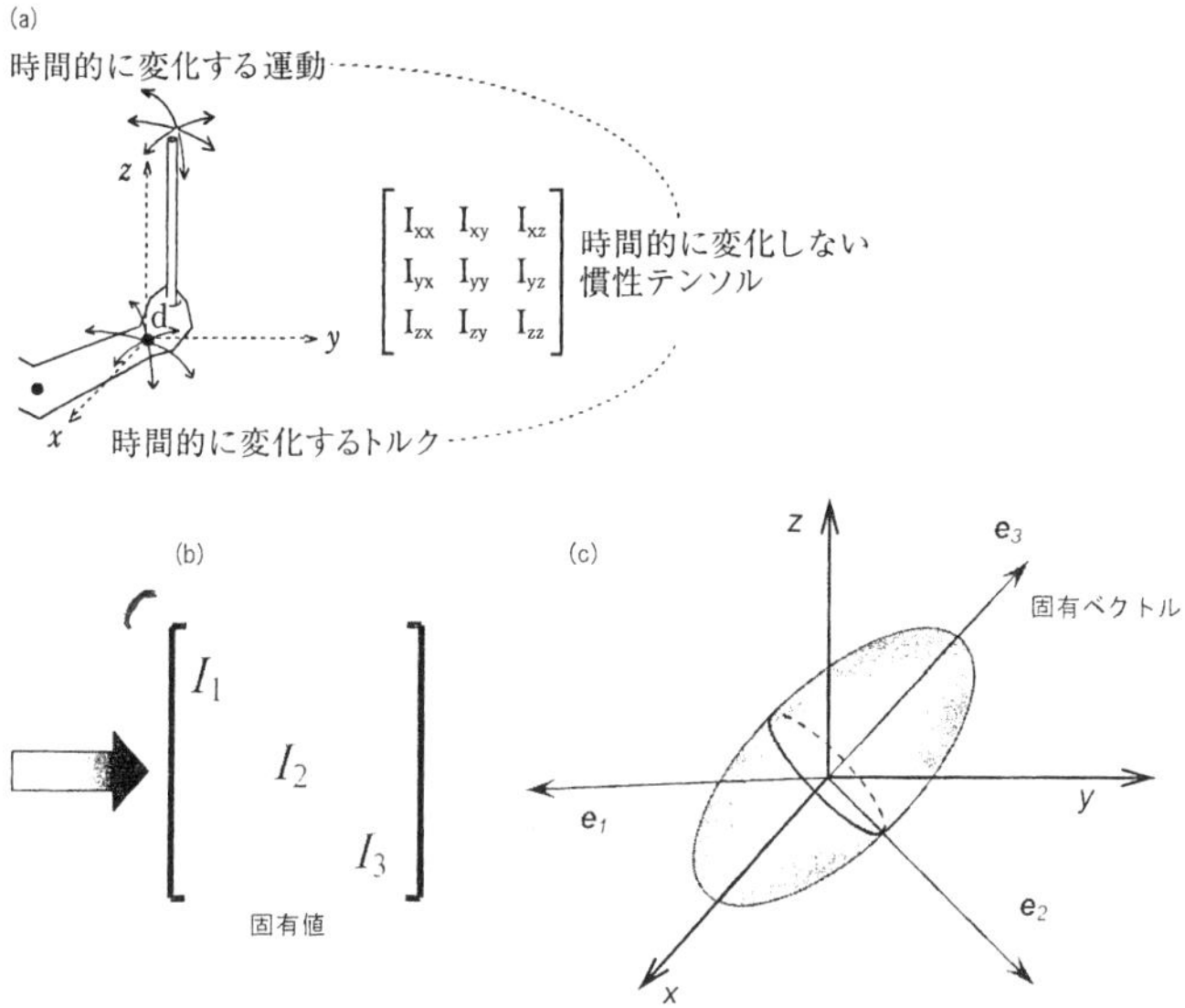

図 17　(a)慣性テンソル．(b)固有値．(c)固有ベクトルと慣性楕円体．C. Carello: 生態心理学研究，**2**(1)，57(2005)より．

ることが確かめられている。

かたちのダイナミック・タッチ

ダイナミック・タッチによって「かたち」も知覚できる。

かたちのダイナミック・タッチでは、左右や上下への振り、捻りなど、XYZ座標の3軸で生ずる抵抗をすべて考える必要がある。3軸上の回転運動とトルクの変化から生じる抵抗をあらわした行列を慣性テンソル(図17(a))という。これは、X－Y面、X－Z面、Y－Z面それぞれへの引っ張り力をあらわす。つまり慣性テンソルは、

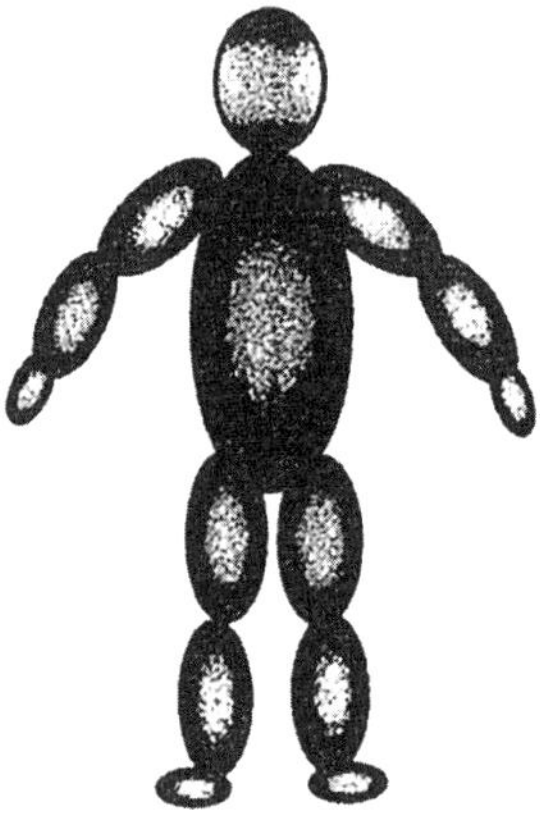

図 18　慣性楕円体による「身体イメージ」．出典は図 17 と同じ．

物のかたちに固有な動かしにくさをあらわしている。

物はどの方向にでも振ることができるが、ふつうは振っているうちに、手の動きが、じょじょにもっとも振りやすい方向に定まってくる。これはたとえば、洗濯槽に入れた衣服の塊が、水流中で回るうちに、ある回転の仕方へと収まることと同じ原理で生じている。手の振りは、もった物のかたちに備わる回転軸(固有ベクトル)と抵抗分布(固有値)にそった動きに行き着く。そこに行き着いた回転には「慣性楕円体」(図17(c))とよばれる、「慣性(抵抗)のもたらすかたち」があらわれている。この慣性楕円体が、振ったときの物のかたちを特定する情報である。

かたちのダイナミック・タッチは、私たちが自分の身体をどのように知覚しているのか、その謎を解く鍵を提供している。全身、頭部、四肢などさまざまな身体部位を振って揺らすときに、私たちは身体のかたちに固有な軸まわりの慣性楕円体情報を特定している。それが動いて知覚される身体のかたちである。「身体イメージ」などという言葉でよばれていることとは慣性楕円体(図18)として描かれる抵抗の分布情報である可能性がある。

ギブソンは、「物の性質は、投げ上げて受け取り、左右へと揺り動かすなど様々なやり方で振ることでわかる。それは感覚作用ではなく情報に基づいている。振ることで得られる情報は、筋や腱で起こる流動からあらわれる不変項である。振る動きに起こる種々の変化を濾過するかのようにして、物の純粋な情報が残る」(『生態学的知覚システム』)と述べた。40年に及ぶ長い研究が、この主張の正しさを認めつつある。

アナログ・コンピュータ

スウェーデン・ウプサラ大学のスベルガー・ランソンは、手のような身体の知覚システムの働きを理解するためには、「プラニメータ(面積計)」(図19)とよばれる、19世紀に発明された道具がよいモデルになるという。

デジタル・コンピュータで面積(たとえば三角形)を計算する場合、まず対象の部分の長さ(底辺と高さ)を入力し、それを中枢に記憶されている計算式に挿入(底辺×高さ÷2)し面積を導く。まさに「間接知覚」の方法である。

プラニメータの「計算原理」はまったく異なる。これは、平面上に描かれたどのような図形の面積でも計測できる道具であるが、まず固定用アームの軸を、図形の外の1点に置き、トレース用アームの先で図形の外周をなぞって1周すると、その動きが回転車に伝えられ、

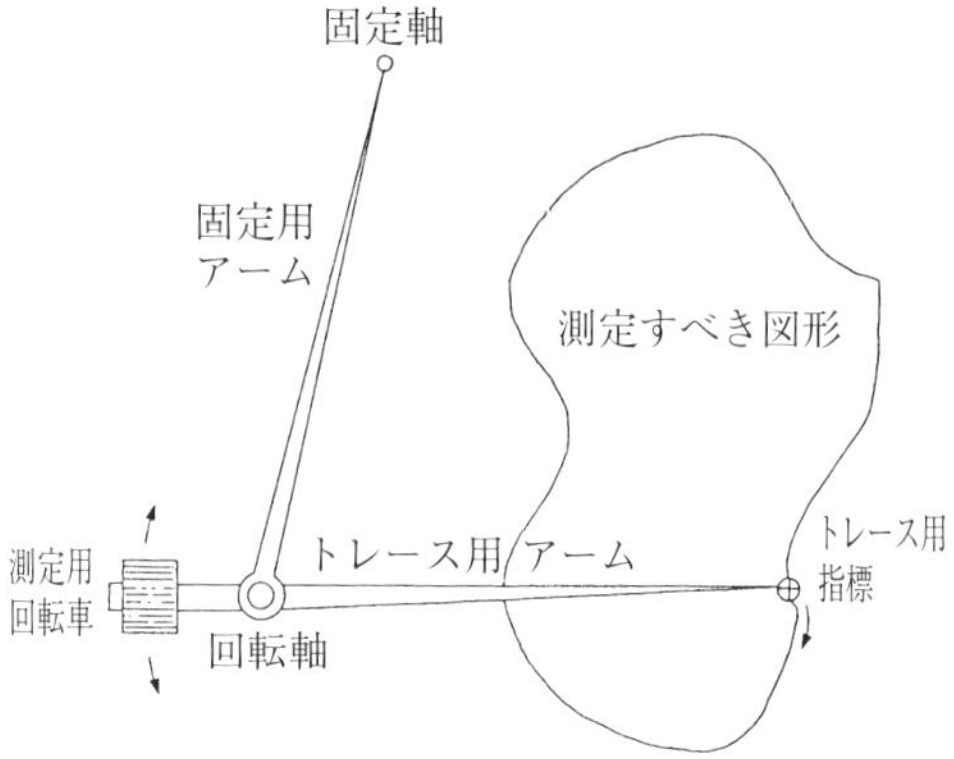

図 19　プラニメータ．

回転角に応じた値が表示される。プラニメータの動作そのものが、複雑な形の図形の面積を算出する数学的方法の「積分」を体現している。プラニメータの機構は、面積以外の、図形の幾何学的な性質はまったく無視している。この道具で長さは測れないし、どこにも「公式」はプログラムされていない。外周をなぞる動作が完了すると一つの数字だけが表示される。それを備えつきの換算表で面積に読みかえることができる。プラニメータでは、面積を知覚する機構がそのままハードウェアになっている。環境の一つの性質に特化した「アナログ・コンピュータ」なのである。

ダイナミック・タッチのような手の動きは「アナログ・コンピュータ」であると、ランソンは言う。手には、対象の多様な性質を知覚するために複数の、それもかなり多くのスマートな知覚機構が備わっている可能性がある。

たとえば、石を手のひらで軽く「放り上げる」ことで、たくさんの石の中から、自分の手で「もっとも遠くへ飛ばせる石」を識別することができる。木々の間にピンと張ったひもに重りをつるして、目隠しをされた知覚者にひもの端を揺らすことだけを許す条件で、重りがどの位置につるされているのか、かなり正確に答えられる。風などによる受動的な揺れや自分の肢の動きによって生ずる波動から、2次元に広がる巣網のどの場所に獲物が引っかかっているのかを知覚するのは、クモの身体がもつ能力であるが、どうやら人間の手も同様な能力をもつようだ。目隠しをしても、いろいろな高さの枝からぶらさがるひもを引いたり、回したりすることで、ひもがどれくらいの高さの枝から垂れているのか、かなり正確に識別できる。

以上は、実験で確かめられている手のダイナミック・タッチの働きである。「投げ上げる」、「揺らす」、「引っ張る」、「回す」などの自在な動きが、物や状況に応じて、自発的に手にあらわれる。指や手をおおう皮膚や肉と多くの筋と関節が協調して、そのつど、知覚のためのユニークなシステムが組織されるのである。

この種の手の動きはそれ自体、「目的」や「意図」を具現している。プラニメータの機構は「面積を計算する」という「意図」を「身体化」していたが、手も意図に沿って柔軟に動きを創発するシステムなのである。

知覚システム

人と動物は、光、音、力や化学的物質の流動から情報を獲得している。固定されて動かない眼では、光学的配列中の不変項を知覚できないように、動かない手のどこを探しても、慣性モーメントを専門的に感覚する受容器は存在しない。眼でも手でも、情報はミクロな受容器ではなく、環境と持続して接触している、マクロに組織化された身体によって特定されている。

ギブソンは、この知覚のための身体組織を「知覚システム」と名づけた。

「刺激」という用語の語源は、ラテン語で動物に行為をうながすときに使う「突き棒」である。刺激は瞬間的に動物の感覚器に「押しつけられる」ものである。動物が動きを抑制するベルトで固定されたり、麻酔されたりしているときには、点のような刺激を一瞬の内に、眼や皮膚などの感覚器に「押しつける」ことができるかもしれない。感覚の実験では、いまでもそんな方法が用いられている。しかし、知覚のために止むことなく動く身体各所に埋め込まれている感覚器への入力は、このような刺激の性質を保持しえない。

ギブソンは、もはや受動的ではない、感覚器を埋め込んだ知覚システムを「器官」とよんだ。「器官」は動く。器官には、「感覚神経」とよばれる求心性の神経繊維とともに筋が加わっている。筋には、遠心性の神経繊維が備わっている。つまり知覚の「器官」は、求心性と遠心性の神経束をもつことになる。知覚からすると、「感覚器官」と「運動器官」を整然と区別することは間違いである。この区別は、「解剖学」に基づく一つの整理法にすぎない。

その働きに注目すると、器官は何層にも及び、システムをなしている。

ギブソンが「視覚システム」とよんだ、眼をその一部とする諸器官のシステムには、多くの機能レベルが存在する。一つは眼球それ自体である。眼は、光の強度を最適にするための瞳孔および眼孔と、網膜像の鮮明度を調節する水晶体をもつ。この1個の眼球はきわめて低次のシステムである。眼球に筋がつくと一段高次のシステムが構成され、眼が二つになるとさらに高次な「二重システム」が成立する。そして、この両眼システムが動き回る頭部につくことで「眼−頭システム」が生じ、それが四肢で移動する身体に配置されることで「眼−頭−全身」というマクロな「視覚システム」になる。

文字を読む、料理のために道具を操る、散歩する、山奥で動物を追う、グライダーを操縦するなどといった、じつにさまざまな視覚的活動を人はしている。これらの多様な視覚行為は、何層にも入れ子になったマクロな視覚システム全体の働きによって、はじめて可能になっている。

五つの知覚システム

ギブソンは、脊椎動物には五つの知覚システムがあるとした。

まず、すべての知覚システムの土台となっているのが「基礎的定位システム」である。このシステムは、空から地面へと動物を押しつけている力、上下の重力軸の方向を特定し続けている。


重力は、動物身体内の体腔に圧の層をつくりだしている。体内では大きい臓器や器官が周囲の組織を圧迫し、そのために骨と筋がいつも緊張している。重力はさらに地面と接触する身体の底面(足の裏、寝転んでいるときには床に接している腹や背中)を押して変形している。基礎的定位システムは、身体底面の触覚により地面を知覚し、内耳の前庭器官が特定する重力方向と関係づける。接触感覚と前庭感覚、この二つから、動物は傾斜や凹凸の程度などの地面の性質と、その上にいる自己身体の姿勢の二つを同時に知ることができる。


「聴覚システム」もある。

媒質である空気には、環境中のどこかにある物質から生じて、多方向に伝わる波がある。それが聴覚システムの情報である。

物質の動揺の種類は多い。固体どうしの摩擦、衝突、そして破壊。液体がはねる、波立つ。

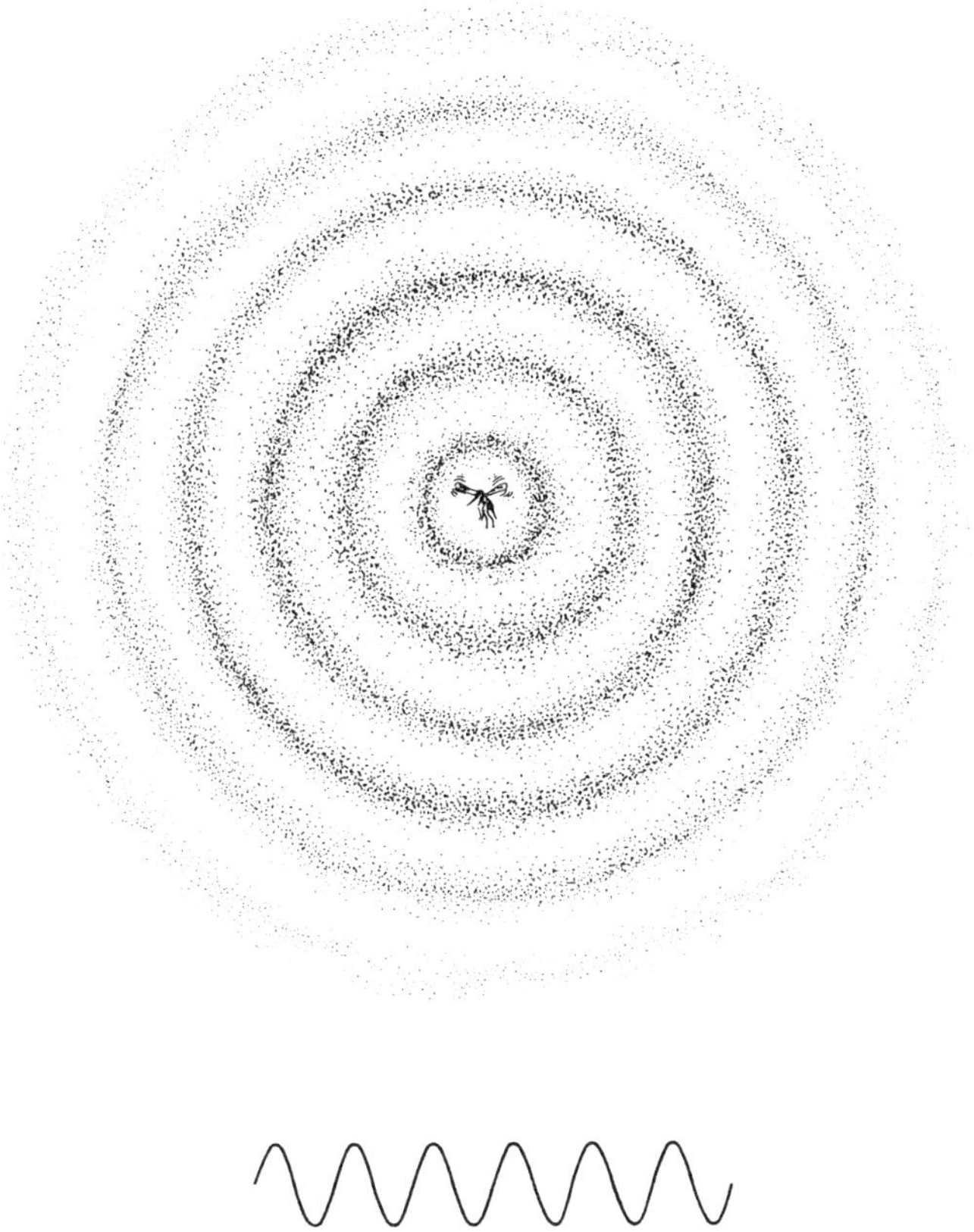

図 20　波面(上)と波列(下)。空気中での虫の羽の振動を瞬間的に固定した場．出典は図 7 と同じ．

温度が変化することで生じる気体の流れなどの出来事も振動の源となり、振動は周りの空気に伝わる。

山では枝の落下、倒木、崖崩れなどから起こる空気の動揺が球状に拡大している。山に限らず、「大気中にはどこでも、長期間または短期間続く圧縮波の場が多く存在し、それぞれ機械的動揺の中心点から拡散している」(『生態学的知覚システム』)。

生じた振動は、空気中に、球状の「波面(ウェーブ・フロント)」を広げる(図20)。衝突からの振動エネルギーが続いている限りは、球の半径沿いに多種の周波数が混合した「波列(ウェーブ・トレイン)」が生じている。この波面と波列が、聴覚システムの情報である。波面は音源の方向を特定し、波列は音源で起こった衝突の時系列的な性質を特定する。波面は、音のする方向に注意を向けるために、波列は、周りで起こっている出来事の意味を知るために利用される。

反響を考えると、振動はさらに複雑である。大正・昭和初期の地球物理学者の寺田寅彦は、雨から生じる振動場に起こっている特有な変化について、以下のように書いた。

「(雨の音は)広い面積に落ちるたくさんな雨粒《あめつぶ》が、一《ひと》つ一《ひと》ついろいろなものに当たって出る音の集まり重なったものである。音の源をここと指し示すことはできない。音を聞いている人は数の知れない音の出る点の群れに取り囲まれているのである」、「(つまりあの)雨の音はどこからどこまでとはっきり限りの知れない広い区域から出るものが、ある物理学的の方則によって組み合わされたものである」(原文ローマ字　Ame no Oto　『ローマ字世界』)。多くの音源からの振動が複雑に構成する「雨の音」は、空気が包囲音によって満たされていることをよくあらわしている。

さらに「嗅覚と味覚システム」もある。

生物は、周囲の空気にその一部を放出している。植物と動物は、酸素と二酸化炭素だけではなく、自身を構成する物質の一部を常に揮発している。火山や鉱泉では、地面からガスが放散している。温度の非常に高い地域では、地面の上で、何かの燃焼が起こる。これらの化学的出来事からは微小物質が放散し、出来事の近くの空気中には、その化学構成が他の場所とはわずかに異なる「島」ができる。この化学的放散の「島」が重なり連なって「雲」になる。空気中のあちこちに広がった化学飛沫の「雲」が、観察者のそばで最近起こった出来事の情報となる。陸棲動物は、この「雲」の一部にふれて、それを嗅いでいる。

味覚は嗅覚と隣接しているが、より直接的な環境との接触である。

動物は、物質とエネルギーを交換することで環境と連続している。環境から身体に何を取り入れ、何を取り入れないかについて、際立って選択的である。食は選択的摂取行為である。厳密に草食の動物や、肉食の動物がいる一方、草と肉の両方を食べる動物もいる。動物は、食べることのできる草や肉の種類、その新鮮さ、あるいは腐敗の具合を慎重に確かめる。食用にされるものは限定的であり、その価値は、動物が物質と化学的に接触することで特定される。味覚は、舌で舐めること、鼻で匂いを嗅ぐこと、口に入れて咀嚼すること、咀嚼から生じる揮発物を鼻腔を通すことなどを多重に埋め込んだシステムで、食物の性質を精査している。

ここに述べた、基礎定位、聴覚、嗅覚と味覚の三つの知覚システムに、視覚システムと触覚(身体感覚)システムを加えた五つがギブソンの挙げた知覚システムである。

「五感」は感覚器官をもとにした用語である。五感では多様な知覚体験のすべては説明できないと考えられ、「第六感」という五感を超える神秘的な「感覚」の存在が仮定されてきた。しかし、ここに紹介した五つの知覚システムから考えると、各システムそれ自体の働きや、複数の知覚システムをつなぐ働きに、これまで「第六感」とよばれてきたものに似た働きを見出すことができる。

情報の等価性と冗長性

各知覚システムの獲得する情報は「等価」である。したがってすべての知覚システムが獲得する情報は「冗長」なことが多い。

これまで知覚論は、各感覚受容器が特定の刺激に専門化した「チャンネル」であることを前提としてきた。しかし、たとえば焚き火の「炎」のような出来事は、聞くことも(パチパチと燃える音)、嗅ぐことも(燃焼に特有の匂い)、見ることも(反復する空気の揺らぎ)、皮膚への熱伝導から触覚で感ずることもできる。知覚するシステムが異なっても、これらの情報のどれでもが「炎」であり、どのように組み合わされても「炎」である。

視覚の障害では、情報の大部分を「失う」、なぜなら私たちが得ることのできる情報の9割を視覚が提供しているからだ、などと説明している教科書がある。だから光覚をもたない重度の視覚障害者は、環境から切り離されているだろうと考えられている。たしかに光覚がないと、包囲光配列から情報を得ることはできない。しかし、視覚システムが得ていた情報のかなりの部分は、じつは他のシステムからでもアプローチ可能である。

光覚のない視覚障害者が、単独で移動している例は多い。それは「神秘的な能力」として紹介されるが、彼らはけっして特殊感覚の持ち主ではない。光を利用しない移動は「視覚システム」以外のシステム、とくに「聴覚システム」と杖に延長した「触覚システム」によって可能になっている。

壁の位置を聞くことや、路面の連続性を示すキメに触れる、対象が接近してくること、遠ざかっていくことを音の変化で知る、ルートと他のルートとのつなぎ目、すなわち転回点に移動が差しかかったなどという情報を音や肌に当たる風の変化で知ることで、彼らの移動は可能になっている。

自動車がいま接近中であること、その自動車がいつ自分の前を通過するのかなどという音の情報は、視覚を使える者が目隠しをされた場合でも正確に知覚できる。あるレベル以上の外野手は、打者がボールを打った音を聞くだけで、外野フライの落下点を大まかに予測している。いずれも実験的にたしかめられている、人に共有の知覚能力である。どれも神秘的な「第六感」を利用しているわけではない。ただ、いつもは視覚システムと聴覚システムが冗長にピックアップしている情報の一方を利用しているだけだ。知覚システムが冗長に情報をピックアップできることが、一つの感覚器官が障害を受けても、私たちがこの環境で生き抜くことを可能にしている。

知覚システムのもう一つの特徴は、働きが固定されていない点にある。

「知覚学習」は、伝統的には、感覚印象と脳に貯蔵された記憶との間に新しい連合をつくりあげること、すなわち脳が新しく刺激を解釈し、分類しなおすことと説明されてきた。しかし、知覚システムの「学習」は、環境にある情報の多様性に対応して、システムの動作を休みなく更新していく過程、つまりシステムの「分化」過程である。

何かを「味わう」場面を想像してほしい。口に入れた食物に対して、舌、歯、唇、口蓋、鼻、食道……などにある多くの感覚と運動の器官は、そのつど、一つの「味覚と嗅覚システム」に組織される。食べるもの、飲むものによって、知覚システムの組み合わせは自在である。たとえば食物表面のキメは、それに触れる歯によっても、舌や唇によっても、口腔内の皮膚によっても感じることができるが、そのための知覚の組織は味わっている食物によって一体化されている。解剖学的には同じ組織が、システムの要素としてはまったく異なる役割を担うこともありうる。

生まれたばかりの赤ちゃんは、はじめから大まかな意味には触れているようにふるまう。しかし、粗い情報に接触しているだけで、限られたシステムのふるまいしかもたない。その後、生涯をかけて、環境と持続的に反復して接することで、知覚システムを豊富化して、それまでは発見できなかったキメの細かな情報が特定できるようになる。

究極の事例であろうが、香水を調合するためにあらゆる匂いを「嗅ぎ分ける」調香師がいる。世界中のさまざまなワインの産地やブドウの収穫年を「味わい分ける」ソムリエがいる。ハンマーの衝突音から建築材の劣化の程度を「聞き分ける」検査士がいる。毒キノコや多種の薬草を間違いなく「見分ける」、山里に長く住む人々がいる。2本の指で患者の手首にそっと触れるだけで血圧を「測る」内科医がいる。

自動車を運転する、文字を読む、人の声から意味を知覚するなどの私たちの日常的なスキルも、同じように知覚システムが高度に分化することによって可能になっている。私たち一人一人の身体は、かけがえのない「わざ」を可能にしている知覚システムのユニークな束なのである。

環境の中の情報は無限である。それを探索する知覚システムの組織も生涯変化しつづける。知覚システムは、どのような環境と接触してきたかによって異なる個性的なものであり、情報の豊富さに対応するように分化し続けることで固有性をもつ。しかし、個性があるだけではない。包囲する情報はだれにでもアクセスできる可能性をもっているので、どの知覚システムにも共通性がある。知識を「蓄える」のではなく、環境に触れて、「身体」のふるまいをより洗練されたものにし、さらに多くの奥深い環境の意味に触れることができるようにしてゆくこと。それが、発達することの意味である。

6 協調構造

知覚システムは環境の中に情報を探している。そして周囲と「マクロに閉じる」ことで、「意図」を実現する動きを多様に組織する。この知覚システムの動作を何が「制御」しているのだろう。知覚システムの「意図的」なふるまいを「制御」する原理はどのようなものなのか。

運動の中枢制御モデル

運動制御の伝統的なアイデアは、「コマ撮り」という19世紀の映像技術の革新に由来しているといわれる。新しい研究の方法として、初期の運動研究者たちはこの技術に飛びついた。その結果、脳からの運動制御の指令は、コマのように「瞬間ごとに静止する全身の配置」を指定しているというアイデアが広がった。モーション・ピクチャー(映画)のように、1コマごとの身体の配置を系列的につなぐことで、身体の運動も「制御」できるのだろうと考えるようになった。

伝統的なモデルは、図21のように、運動の記憶を貯蔵する脳の部位から、適切な運動のプログラムを検索し、皮質の運動野にある各筋・関節の動きに対応している「鍵盤」でそのプログラムを「演奏する」という流れで運動が制御されていると説明した。つまり指令が個々

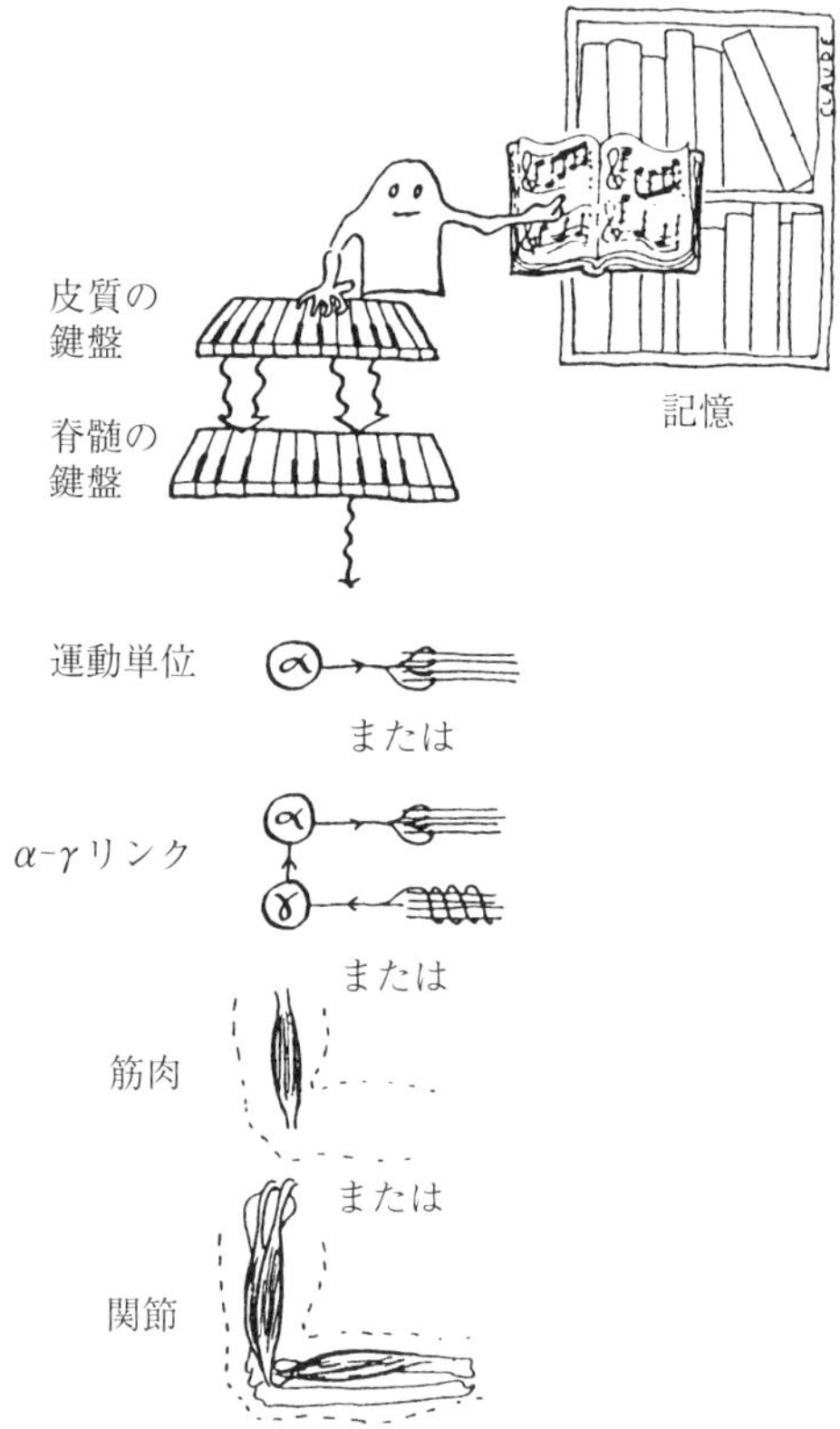

図21 古典的運動制御モデル. M. T. Turvey et al.: in The Bernstein Perspective I, J. A. S. Kelso ed., LEA (1982) より.

の関節の位置や角度、特定の筋の伸縮を指定していること、そして運動のプランが、実行に先立って脳内でつくられることを仮定していた。

この中枢制御モデルは21世紀になった現在でも、運動研究の一部に大きな影響力をもっている。しかし、やっかいな問題も抱えている。

ベルンシュタイン問題

まず、「自由度の問題」がある。自由度とは、個々の部位がもつ可能な動きの数である。たとえば、人の手の骨格は、27本の小さな骨から構成されている。指と手根骨部分(手のひらの骨)だけでも15の関節があり、そこの自由度は20である。これら個々の関節などに動きの方向を指定する方法で制御しようとすると、決定すべきことは無視できないほど多くなる。腕には、関節が7、筋が26、各筋ごとに運動ユニットが約1００あると言われる。したがって、筋のレベルだけで2６００の自由度がある。腕への指令は膨大になる。部位ごとに指令することは現実的でないことは明らかである。これが「自由度の問題」である。

「文脈の問題」もある。一つの指令は、それを受ける身体側の状況によってその意味が変わる。たとえば、腕を身体の中心に向けて回す時に使用するのは大胸筋であるが、その役割は肩関節に対する腕の角度によってまったく異なる。これは「解剖学的文脈」である。他にも外力やその変化がもたらす「力学的文脈」、さらに脊髄の介在ニューロンが自律的に行っている組織化に由来する「生理学的文脈」などがある。これら多くの文脈の問題を考えると、身体のあらゆるレベルは脳からの指令に「従う」のではなく、せいぜいそれを「感受している」にすぎないことがわかる。

さらに重要なことだが、制御を考えるとき、身体運動のエンジンである筋の性質を見逃すことはできない。

筋は、非常に細い組織(筋繊維)から成るが、心筋を除く筋では繊維は互いに絡み合っていない。よくとかした髪のように平行して、ゴムのように伸び縮みしている。運動に使われる横紋筋も、骨を「引く」ことはできるが、柔らかいので「押す」ことはできない。力を伝えるために弾性素材を用いる場合、引く力は不安定であり、それで骨を特定の軌道上を正確に動かすようなことは困難である。

これら多くの背景を考えると、運動に先立って身体の配置を詳細に決定し、それを実行するというような制御法が成立しえないことがわかる。従来型の運動制御モデルが抱えているこの根源的な問題を最初に指摘したのは、20世紀前半にロシアで活躍した運動生理学者ニコライ・ベルンシュタインだった。彼が提起した問題は「ベルンシュタイン問題」とよばれている。

協調構造

現在のところ、ベルンシュタイン問題には大きく分けて2種類の解法がある。第1は、「中枢による制御」という考え方を保持しつつ、それに「フィードバック機構」を取り入れることや、中枢からの指令が身体の部位の詳細を指定しているのではなく、より「一般的」なものであると説明し直す方法である。しかし、これではベルンシュタイン問題の根本的な解決法にはならない。なぜなら、「フィードバック機構」は、誤りを判断するための十分な「知識」を事前にもたねばならない。また「一般的な指令」も、それから詳細を特定するための次のレベルの指令を必要とする。どうやら「事前のプラニングによる制御」という枠組みを保持する限り、ベルンシュタイン問題は解決できそうにない。ここでも「フレーム問題」が顔を出している。

運動制御論の領域では、1980年代からこれまでの前提を変更するようなモデルが模索されはじめた。研究拠点の一つがマイケル・ターヴェイ、ロバート・ショウらによるコネチカット大学の「知覚と行為の生態学的研究センター」だった。その主張を一言でいえば「運動研究の単位を変えよう」ということである。新しい「運動単位」の候補は従来の運動モジュール、運動ニューロン、筋や関節ではなく、身体のマクロな「連結」である。

たとえば銃口から細い光ビームを投射し、銃身のわずかな動きが遠くの標的に光点の軌跡として映し出されるような装置をつくり、熟練した射撃手と初心者で光点の動きをくらべてみる。両者で異なるのは光点の揺れ幅である。初心者の光点が大きくぶれるのに対して、熟練者のビームは揺れ幅が小さく、一見、止まっているように見える。ただし、実際には熟練者の光点も初心者と同じように動いており、揺れは微細なのである。熟練者は、どのようにしてこのスキルを達成しているのだろう。

注意深く観察すると、巧みな方法が発見できる。身体部位の間に関係をつけるという技である。初心者の場合には、一つの関節での動きは、他の関節にそのまま伝わり、結果として全身の動揺を大きくしている。一方、熟練者では、たとえば手首での垂直方向へのぐらつきが肩での拮抗する方向への動きによって相殺されるというように、特定の関節群の動揺が他の多数の関節群の動きに「吸収」され、結果として手首の動揺が小さくなる。これが「連結」の方法である。

「連結」で自由度を制約するのは、あらゆる動作システムの設計原理でもある。自動車では四つのタイヤが一つに「連結」され、自由度は1にされている。飛行機の水平翼、尾翼にある5種の翼はそれぞれ9の自由度をもつが、実際は、すべての翼が「連結」されてこれも自由度は1である。あらゆる機械は、このように制御すべき部分を「連結」し、自由度を大幅に減少させている。

動物の身体は、近い要素の間だけではなく、遠くの要素も含むマクロな構造をつくりあげて課題に対応している。ベルンシュタインはこのような身体のつながりを「協調(コーディネーション)構造」とよんだ。たとえば合唱に加わる時には、独唱の場合とは違い、周囲の声全体のハーモニーをよく聴いて、それに埋め込むように自分の声の音程や音量を調節するだろう。身体部位も同じことをしている。運動協調研究では、目的の達成に関係のない部位では動きのバラツキが大きくなることを許容するが、目的に関連する動きのバラツキはより小さくすることで、ゴールの達成を実現するような制御が全体として成立していることを明らかにしている。運動協調の数学的解析法(UCM法)も開発されている。

協調とは、身体の動きをつくりあげている下位システム間(たとえば四肢)や、下位システムと上位システム(体幹の姿勢)の間で、一部のぶれがむやみに全体へと波及することを避けるために身体運動が備えるようになった性質である。

リズム

協調構造は、リズミカルな動きとしても観察できる。四肢で移動する犬の前脚の動きに注目して観察すると、図22(a)のようになる。

Aの位置では体重が脚全体にかかり、Bでは体重が前に移動している。結果として前脚はCのように曲がり、ついでDのように伸びる。移動は、このようなリズミカルなサイクルで達成されており、AからDの4相の状態の推移として表現できる。BからCは曲げ(F)の相であり、CからDは最初の伸び(E_1)、DからAは第2の伸び(E_2)、AからBが第3の伸び(E_3)の相である。

移動はじつにさまざまな地面の上で実行される。使用されている筋や関節は多様であるが、すべての移動には一つのリズムがある。図22(b)に示したように、移動速度が変化しても四つの相のうちの3相の所要時間はほとんど変化しない。変化するのは体重を維持する相であるE_3の時間だけである。犬は移動の速度によって足並み(歩容)を変化させるが、それによってもこの協調構造は崩れない。もしリズムから逸脱して動くような脚があると、リズム全体がズレを引き込んで、すぐにもとのリズムを回復する。

注目すべきは、運動リズムの速度変化に対する「自律性」である。熟練したタイピストでは、同一の単語(たとえばcat)を打鍵するのにかかる時間は打鍵速度に依存して変化するが、語の要素である各文字を打鍵する時間間隔の比率(cを打ってからaを打つまでの時間間隔と、aを打ってからtを打つまでの時間間隔の比)は、全体の速度が変化しても一定である。また、ピアノ演奏の際に左右の手の協調構造は、演奏の速度が変化しても維持されることがわかっ

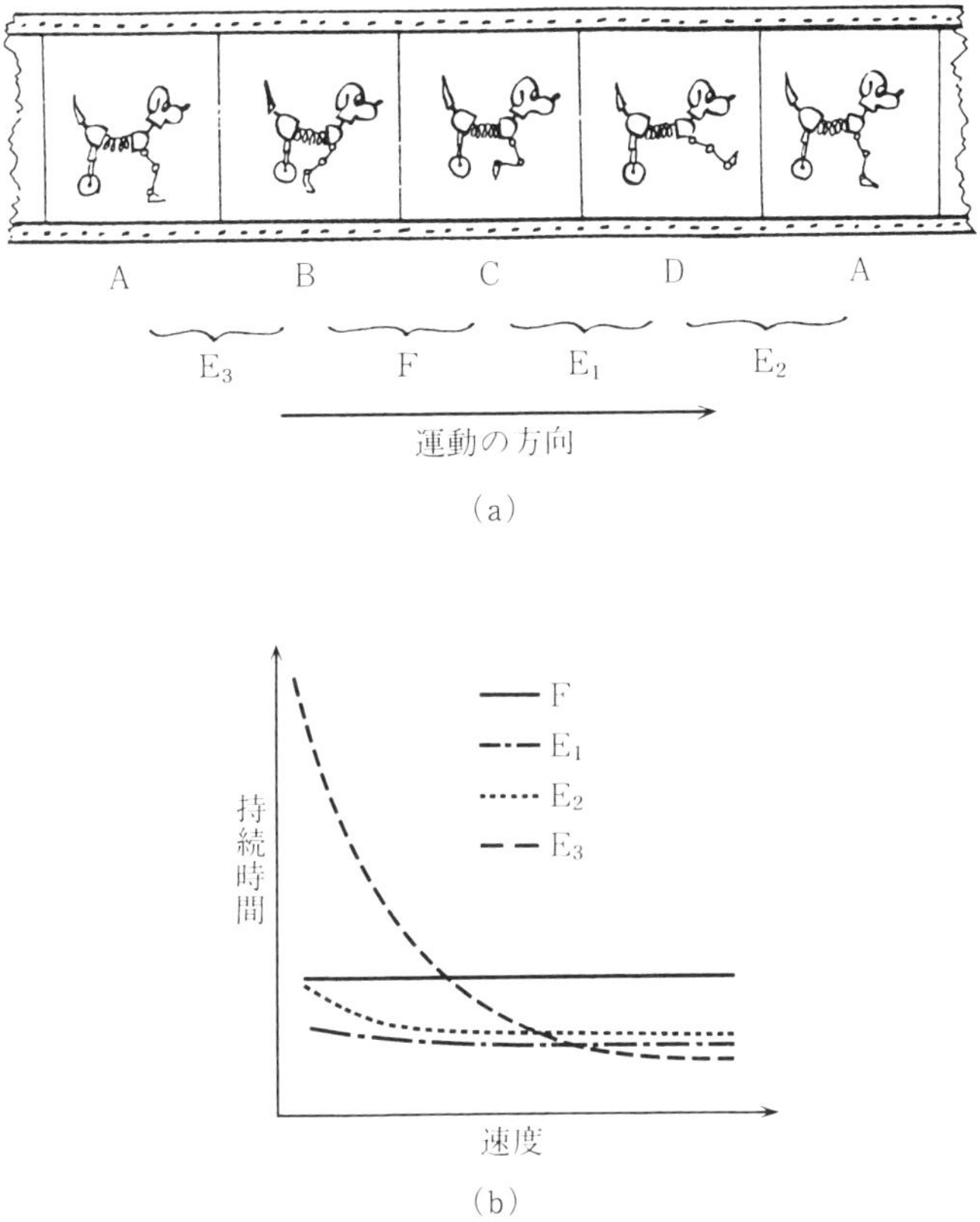

図 22　犬の歩行の協調構造．出典は図 21 と同じ．

ている。いずれも要素間の「不変な協調構造」には自律性のあることを示している。

ターヴェイらは、身体運動という全体は、このように自律した多くの下位システムが集まり、より大きく複雑に協調したシステムであるとする。従来のモデルは、運動制御は事前のプランによって指令されると考えていたが、「協調構造」のモデルでは、「制御」が運動システムそれ自体のダイナミクスに依存していると考える。したがって、「制御」のプランは事前につくられているのではなく、運動が状況に適応した後にはじめてあらわれる「事後的」なものである、ということになる。

視覚による運動制御

射撃手の例にもどろう。射撃の熟練者は、身体部位間の独特な協調をつくりあげ、手先の揺れを少なくするために、もう一つの技を獲得している。それは視覚のスキルである。運動スキルが向上すると周囲の「見え方」が変わる、それが、「視野(注意)が広がる」こととして体験されると述べる熟練者は多い。たとえばオリンピックに出場した体操選手は自身の競技時の空中姿勢の状況や、そこからの着地への流れが、競技会場の天井や床の見えに特定できると言う。そこでは、行為は知覚によって「制御」されている。

行為が知覚的に「制御」されている事実は、昆虫から人まで広く発見できる。

たとえばキイロショウジョウバエの安定した直線飛行は、左右動、上下動、回転動という羽の3種の動きによって達成されている。そしてハエの飛行姿勢は、包囲する「光の流れ」に「制御」されている。図23のように、羽は自由に動くようにしたまま、胴の部分をにかわで棒につけ、光の流れをシミュレーションした円筒中に置かれたハエの羽は、筒の縞模様の動きに同調して、それを補償する方向に動く。

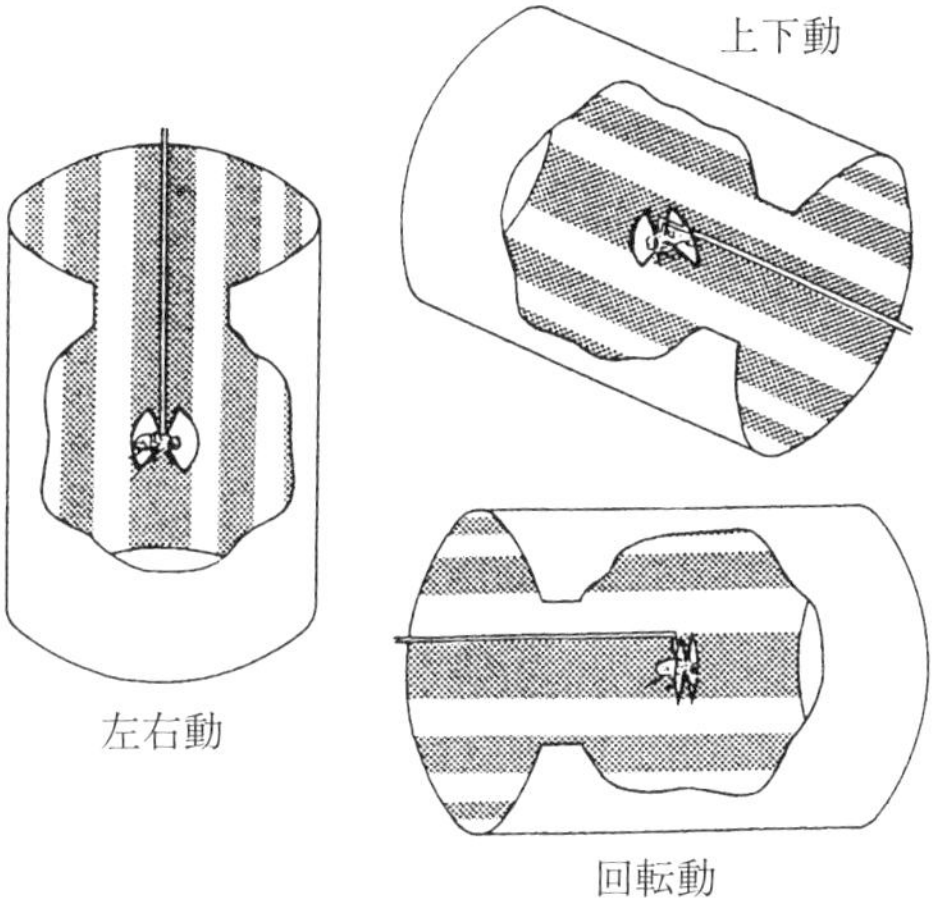

図23 ハエの羽は筒の動きに同調する．V. Bruce & P. Green: Visual Perception, LEA (1985)より．

人も同様である。エディンバラ大学のデイビット・リーによってはじめられた「ムーヴィング・ルーム」という実験手法がある。壁全体が床から切り離され、前後方向に揺らすことのできる部屋に参加者が入る。参加者が壁を見たときをみはからって、壁をほんのわずか数cm動かす。すると参加者の姿勢が変化する。図24(a)に示されているように、参加者の姿勢は壁の微妙な動きに同調するように動

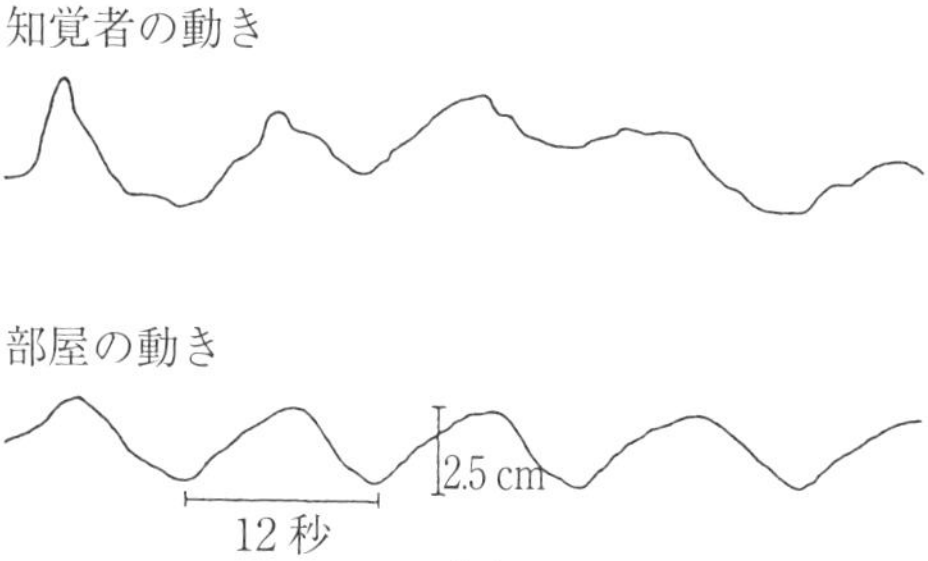

(a)

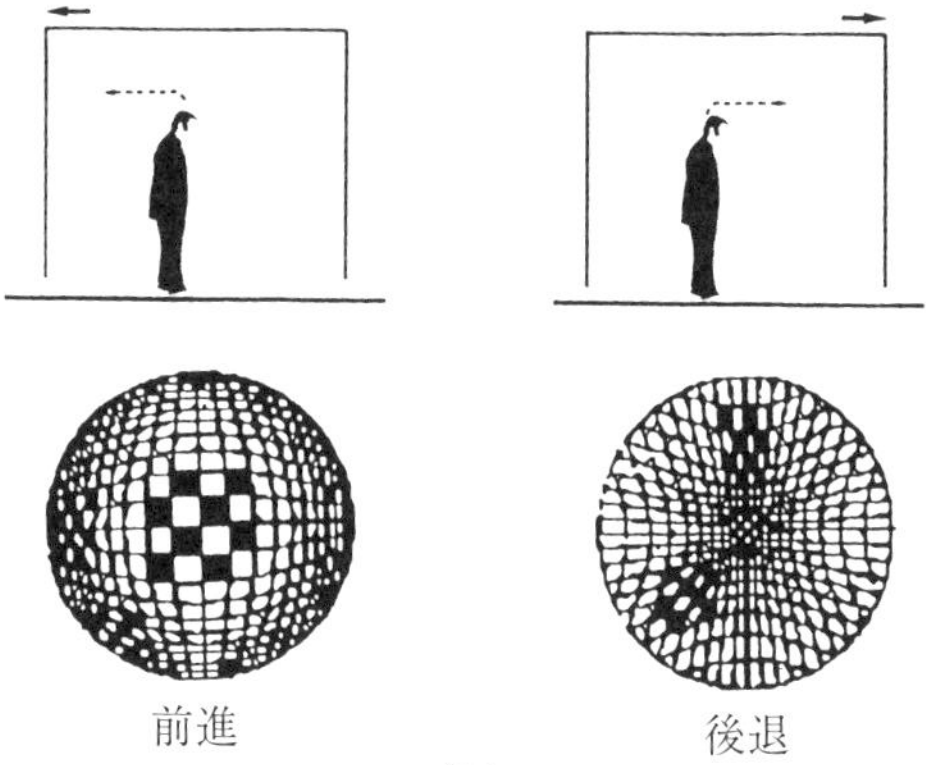

(b)

図 24　(a)部屋の前後への揺れに同期する姿勢. T. Stoffregen: J. Exp. Psychol., **11**, 554 (1985)より, (b)壁の動きの光学的流れによる姿勢制御の模式図. M. T. Turvey et al.: in Synergetics of Cognition, H. Harken & M. Stadler eds., Springer(1990)より.

く。参加者が歩行を開始したばかりの乳児のように、まだ安定した立位姿勢の保持が十分にできない場合、変化はより大きい。壁が遠ざかる方向に動いたとき、乳児は前に倒れ、乳児のほうに迫るように動いたときには後ろに倒れることが多かった。その転倒率は8割以上であった。

このような姿勢の変化を引き起こしているのは、図24(b)に示した、壁の動きによってキメに生ずる「光学的流動(オプティカル・フロー)」である。壁が前に動かされたときには、知覚者が後ろに倒れるのと同様な光の流動が起こる(図bの右)。流動は自分の姿勢の変化として知覚される。わずかに遠ざかるような流動から、知覚者は自身の姿勢が「後ろに傾く」情報を得て、それを補償するために姿勢は前に傾く。図bの左には、壁が後ろに動かされるときの変化を示した。この場合にはちょうど逆のことが起こる。

　この事実を「視覚性運動制御」とよぶ。知覚者は、自身の姿勢を「制御」している周囲の見えのフローに気づくことは少ない。しかし、視覚情報は確実に姿勢を「制御」している。

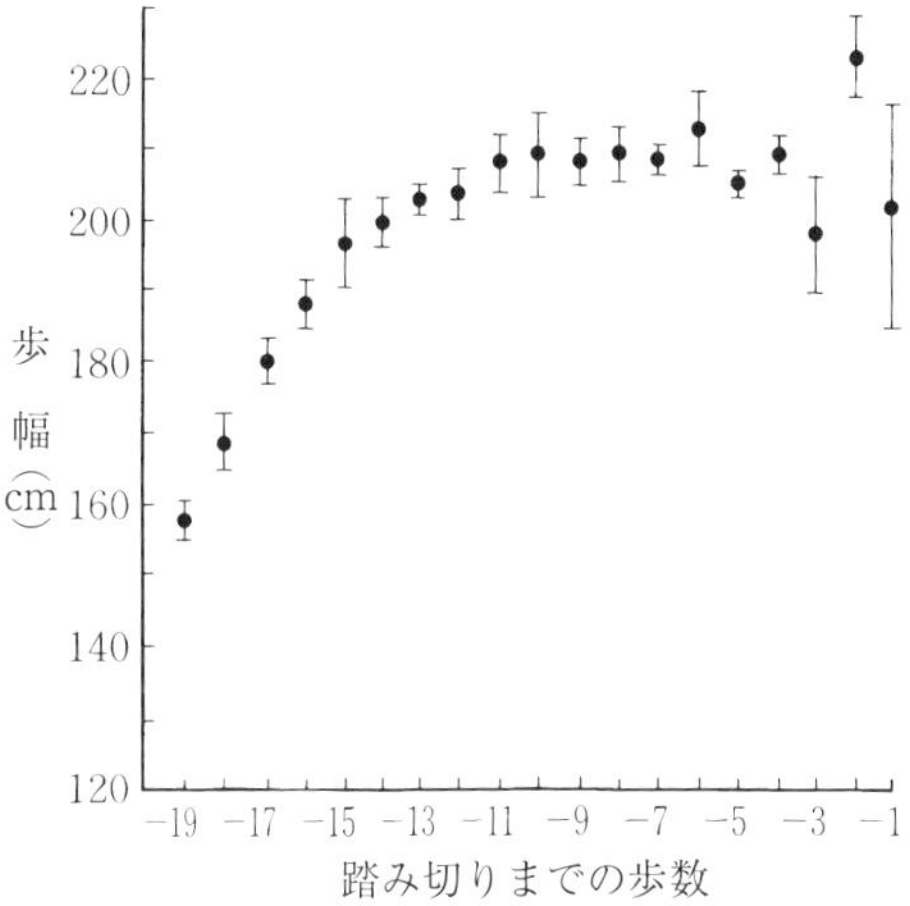

図 25　一流選手の走り幅跳びの助走．6試行した時の歩幅の平均値と標準偏差を示す．D. N. Lee et al.: J. Exp. Psychol., **8**, 448 (1982)より．

急速な運動も知覚的に「制御」さ

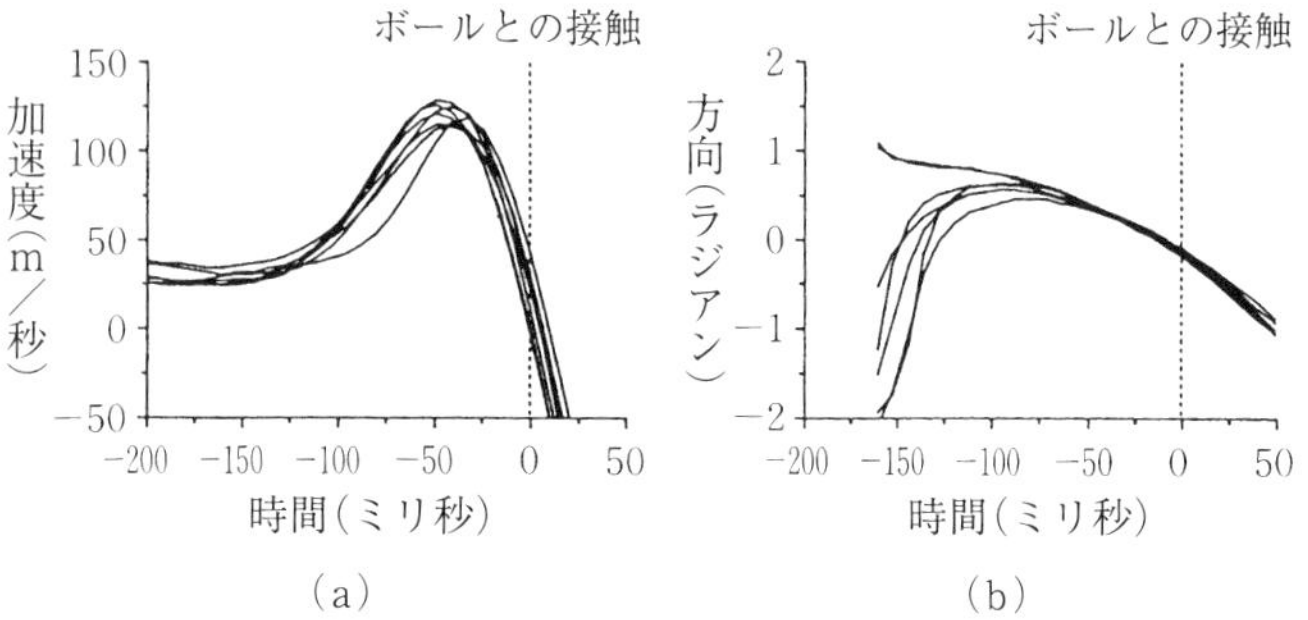

図 26 卓球選手のスマッシュ動作の(a)加速度の変化，(b)ラケットの軌道のバラツキ．1ラジアンは約57度．R. J. Bootsma: J. Exp. Psychol., **16**, 21(1990)より．

れている。図25は、イギリスのオリンピック標準記録をもつ走り幅跳びの選手の助走時の歩幅の記録である。このレベルの選手では助走の歩幅は常に一定であるように見える。しかし、詳細に分析してみると、踏切前の数歩の歩幅だけは、跳躍ごとに大きくバラついていることがわかる。データは助走の最終段階の歩幅が、そのつど踏み切り板の「見え(の変化)」によって「調整」されていることを示している。ちなみに、この競技のトップアスリートの踏切前の秒速は約12m、時速は約40kmである。

オランダのレイナード・ブーツマは、世界選手権レベルの卓球選手に、相手のコートから飛んでくるボールを2・5m先にある直径55cmの目標に打ち込むように求める実験をしている。このクラスの選手の「スマッシュ」は高速(関節の角速度で毎秒約800度)である。

図26は、卓球のラケットがボールとの接触の直前まで加速を続け、振り出しでは大きかったラケット軌道のバラツキが急速に調整されていることを示している。卓球の選手は自分の型を固めるために練習で素振りを繰り返している。したがって打ち込みは決まりきったフォームで実行されているように見えるが、このような洗練された型も、競技現場の最終局面では、高速で向かってくるボールの視覚情報によって毎回微調整されているのである。

知覚と行為のカップリング

私たちは、「感覚刺激からの入力を脳が処理して運動を制御する」という説明図式に慣れている。しかし、以上に紹介した知覚と行為の事実を、この図式に当てはめることには困難がある。なぜなら、これらの急速な運動で、結果をモニターし、フィードバック修正しながら運動をコントロールできるほど、神経系の伝達は速くはないからである。たとえば、視覚を利用して自身の手の動きをフィードバック制御するためには、最短でも１００ミリ秒以上はかかるといわれている。数百ミリ秒しか続かない急速な運動を、１００ミリ秒以上もかけて修正するのは不可能である。

急速な運動下にみられる調整は、運動系の協調が、「知覚と運動の協調システム」の一部だと考えると理解できる。運動系は、身体内に閉じて組織化されているのではなく、周囲環境の知覚情報も含むマクロなシステムなのである。

デイビット・リーは行為の制御に利用される視覚情報を「タウ（τ）」とよんでいる。タウとは光の流れに特定できる「接触までの残り時間」である。タウは対象面のキメの膨張率であり、それは対象と知覚者が衝突するまでの時間の逆数に比例している。

タウは知覚者と対象までの「距離（何mとか、何cmなど）」を特定する情報ではない。タウは「衝突や接触」という出来事を特定している。それは、向かってくる対象（ボールや自動車）の速度と、それに向かっている知覚者の身体行為の速度がかけ合わされたときに生ずる意味、すなわち環境の変化と身体行為の関係として起こる「衝突までの残り時間」の情報である。

知覚者は、対象のキメの膨張率から、それが自身とぶつかるまでに残された時間を知覚するが、「膨張率の変化」は加速度の情報となり、衝突がソフトなのか、ハードなのかを前兆として示している。自動車のブレーキングのタイミングや、その強弱はタウによって「コントロール」されていることが実験的にたしかめられている。

タウは「視覚システム」だけではなく、「聴覚システム」によっても特定できる。たとえば、遠くから接近してくる自動車がいつ自分の前を通過するのかを、私たちは通過時点に数秒先立つ音の変化から知覚している。音では、強度の変化、スペクトル全体の変化（接近にともなって高い周波数帯が増幅し、音が明るくなる）、あるいはドップラー効果などが複合して接近の情報となる。

運動協調を知覚情報で制御する原理を、新生児医学領域に臨床応用した研究がある。新生児は誕生後ほどなくミルクを吸い、嚥下(飲みこむ)する。二つの運動リズムは協調している。「吸う」と「飲む」の協調が安全な栄養摂取をもたらしているが、このリズムの獲得に問題をもつ一部の早産児や運動障害児では、誤嚥が起こり重篤な肺炎につながることもある。食物摂取リズム獲得の困難は突然死を招く可能性もある深刻なリスクである。ハーバード大ボストン病院のユージーン・ゴールドフィールドらは、新生児の吸うと嚥下のリズム協調をコンピュータで解析し、嚥下時に起こるトラブルは、二つの運動が競合状態になることでもたらされていることを発見した。ミルクを吸う時、通常は舌の先端が下がり、後端が上がる。舌がちょうどこの「しなるムチ」のような状態の時に、口蓋の奥が広く開き、ミルクが食道へと押し出されるなら誤嚥は起こらない。早産児らの一部はこの安全なリズム協調をつくり出せない。そこでリズム計測値が競合状態を示すようになったときには、口に入るミルクの流量を少なくすることで協調のリズムを変えてみた。協調に介入するこの方法は効果的で、誤嚥リスクを回避することができた(E. C. Goldfield: Ecol. Psychol., **19**, 21 (2007))。リズム協調は、「これから」行為に起こることの前兆であった。行為の困難はミルクの流れという触覚情報を変えることで予見的(predictive)にコントロールすることができた。

知覚と行為の協調は、「知覚と行為のカップリング」とよばれる。ターヴェイらは、カップリングによる制御を理解するためには、古典的な力学に代わる新しい力学の成果が必要であると言う。古典的な物理学には「力によるインタラクションの教義」とよばれるものがあった。それは、質量を介したインタラクションのみが存在するものの変化を説明できるという考え方である。しかし、これまでにその一部を紹介した知覚性制御研究は、質量を介さない情報の利用が動物の行為を「制御」することを示していた。知覚による行為の「制御」を理解するためには、環境と身体を分離し、両者の「力」による因果的連鎖を前提としてきた古典的力学のモデルを変える必要がある。「因果」に代わるのが「協調」のモデルである。

複雑なシステムのふるまいについての最新の物理学の成果、すなわち「自己組織化の科学」の成果が、知覚理論に取り入れられつつある。ギブソンが「生態光学」で構想した、環境の生態学的情報とそれが特定するアフォーダンスをベースとする、「心理学と生物学と物理学の垣根を取り払って成立するまったく新しい科学」である「生態科学」が、そこでは展望されている。

エピローグ　リアリティーのデザイン

動物や人の知性の働きを環境と関連させる試みは、多くの領域に発見することができる。たとえばロボット工学である。

1980年代の半ばから、まったく新しい原理で知能ロボットを創ろうとする、いろいろな試みがあった。一つが、ロドニー・ブルックスによる「クリーチャー」の開発である（図27）。クリーチャーは、「知覚と行為」を直接連結した「層（レイヤー）」とよばれる活動のシステムを単位にしてつくられた。層は、1種類の「知覚と行為」だけを実行する単位である。たとえば「避ける」層は、「前進しながら近くの障害物を感知し、それを避けるために方向を変える」ことを実行するセンサーと動作からできている。また、「探る」層は、「環境内に目標を探し、それに方向を取る」ことを行う。二つの層がともにはたらくことで、「環境中の障害物を避けて目標に近づく」ことができる。

クリーチャーは「環境についての内部モデル（地図）」をもたない。行為プランはクリーチャーが実際に環境に出会うことで「創発」する。クリーチャーは「制御」を一つの中枢にで

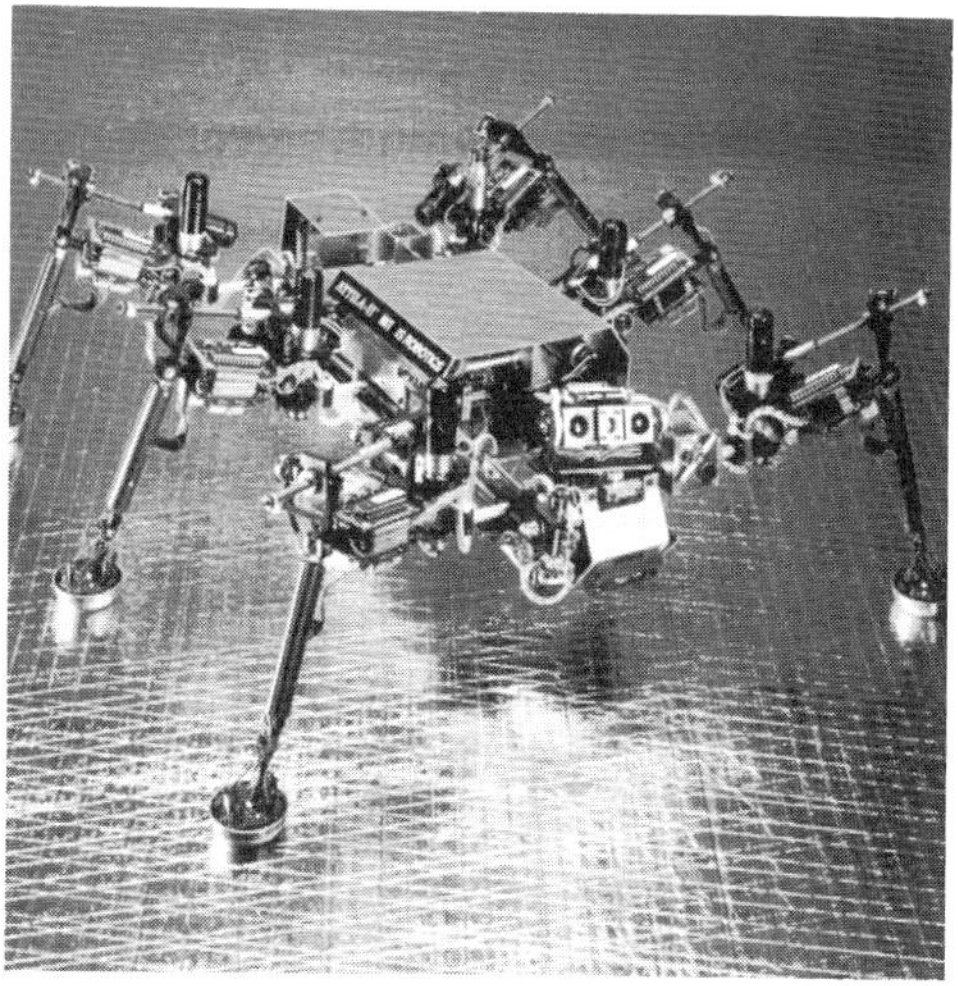

図27　初期のクリーチャー．

はなく、多層間の「競合」にゆだねている。従来型のＡＩのように、下位システム間には上下関係はない。「避ける」層と「探る」層は独立にはたらく。他にもそれぞれ異なる意図を実現しようとする複数の層があり、それらが環境に出会って「折り合いをつける」ことで、目標までの行為が実行されていく。センサーと動作からなるモジュールが並列しているこの種の自律型ロボットは、「包摂アーキテクチャ」とよばれた。

１９８８年の段階で、「研究所をうろつき回り、ドアの開いた部屋を見つけて入り、机の上から空き缶を回収し、それを物置場にもって行く」ことを目標とする14層からなるクリーチャーが動いていた。クリーチャーは環境自体を「モデル」にしているので、「フレーム問題」に出会わない。ブルックスは、ＡＩの設計にとって環境を事前にモデル化することがまったく不適切な方法であり、その代わりに、世界それ自身をモデルとして用いる方法が正しいと言った。

クリーチャーは、私たちがまだ十分知らない環境、たとえば火星での鉱物探索用ロボットとして開発された。従来型のロボットが、地形や自己位置の同定、目標までの経路プランの計算のために、数時間をかけて1m進むのがやっとだったのに対して、クリーチャーは人間の歩行とほぼ同じ速度でサンプルの収集を行うことができた。21世紀になって、クリーチャーの開発者らは会社を設立し、家庭用掃除ロボット「ルンバ」を制作した。ルンバでは「壁伝いに動く」、「障害物にぶつかったら移動角度をランダムに変更して、そこから脱する」、「段差を検知して、転倒や落下する前に方向を変える」などの多層モジュールが並列し、競合し、結果として部屋の中を動き回り、ほこりや小さなごみをかき出して吸い込み、一定時間掃除をすると充電器(「ホーム」)を探して戻る。おそらくルンバは歴史上もっとも普及した移動ロボットである。現在、世界で数百万台が稼働中とされている。

ソフト・ロボット

見逃すことのできないもう一つの動向は、「ソフト・ロボット」である。ソフトの意味は、ボディが金属のような剛体ではなく、やわらかい素材であること、さらには、ロボットのふるまいが環境の性質に柔軟に対応することの両方にある。

これまでの運動発達研究は、乳児の運動は、口の周辺を触ると即座に吸いつく、足の裏を刺激すると脚が伸びて跳ね除けるなど、誕生後すぐにみられる「原始反射」から開始するとしていた。そして、この刺激への決まりきった反射が、脳の発達に伴って抑制され、意図的な行為へと変化すると説明してきた。しかし、運動が、じつは反射とはまったく異なる動きからはじまることが発見されて、発達のイメージが変わりつつある。

よく観察してみると、乳児はすでに胎内にいるときから全身をヘビのようにぐにゃぐにゃと左右に捻る、四肢を振る、揺らすなどの運動を自発的に行っていた。刺激の有無にかかわらず起こっている、ジェネラル・ムーブメントとよばれるこのリズミックな動きは、誕生後も数ヶ月間は続く。この動きの発達的変化を追った研究は、4ヶ月齢くらいであらわれる最初の意図的行為である物へのリーチング(手伸ばし)が、この揺れから生み出されてくることを明らかにしている。ジェネラル・ムーブメントにはやがて意図的行為となる、多種の行為の「種」が埋め込まれているようだ。

ジェネラル・ムーブメントは、たとえば、歯磨きのときなどに、歯列を動いてゆく歯ブラシの動きに合わせるように口腔内を縦横に探索する舌先の動きなどにもみられる。この種の運動では動く部位全体にはりめぐらされた筋や繊維がまとまって、きわめて多様な動きを実現している。

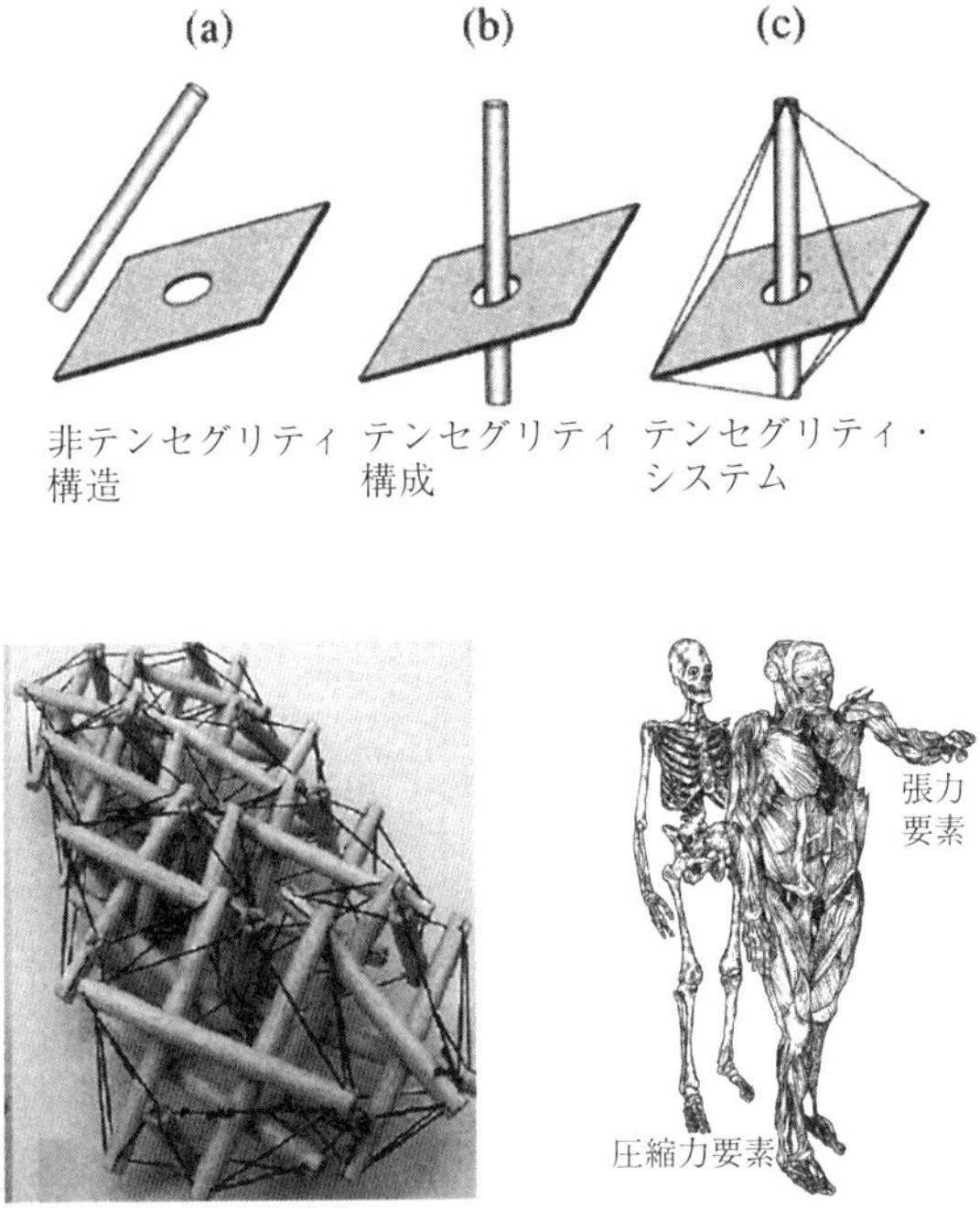

図 28　(上)張力をもつ素材を圧縮に抵抗する素材に貼り付けるとテンセグリティ構造になる．(左下)テンセグリティのモデル．(右下)人体．M. T. Turvey & S. T. Fonseca: J. Motor Behav., **46**(3), 143(2014)より．

このような身体のやわらかな構造からの機能の発現の背景にあるのが「テンセグリティ(tensegrity)構造」であるといわれる。テンセグリティは、建築家のバックミンスター・フラーが提案した、張力(ゴムなどで引く力)と、その張力を押し返す圧縮力とを統合する組織(図28上、左下)のことである。モントリオール博覧会(アメリカ館)のジオドームなど、大規模ドーム建築として、1960年代にはすでに実現していた。テンセグリティ構造では、一部に起きた動揺は全体に拡散し、構造の安定性が保たれる。

ダイナミック・タッチの研究を進めてきたマイケル・ターベイは、最近、細胞の構造から、筋と腱と骨格からなる全身まで、テンセグリティ構造が人体の基礎にあるとしている(図28右下)。1個の細胞は、細胞膜の張力とそれに抗している細胞繊維(「細胞骨格」)の圧縮力で「張り」を保っている。筋・腱と骨格のセットも同様であるが、それらが身体の深部から表層まで広く分布することで、重力や他の外力の下で、身体に一定のバランスが維持されている。

テンセグリティ構造は、身体にかたちをもたらしているだけではなく、環境から身体にもたらされた振動を、全身に音速で伝播する「解剖学的コミュニケーション」とよばれる情報伝達機能をもたらしている。空気が、光を散乱させることで照明をつくりだし、視覚の媒質となっているように、全身では部分を全体に反映させて、分散し、部分の感じを即座に全体の感じにするテンセグリティ構造が、ダイナミック・タッチの媒質になっている可能性がある。「テンセグリティ媒質」が、手のモノを揺する動きから、慣性情報を抽出する土台となっているというのである。身体は、現在、行為発達や知覚の「媒質」として再発見されつつある(M. T. Turvey & S. T. Fonseca: J. Motor Behav., **46**(3), 143(2014))。

テンセグリティ構造を用いた移動ロボット(芋虫のように動く)の開発や、「装着型皮膚ロボット」を、ジェネラル・ムーブメントが微弱で運動発達に遅れている早産児に、筋運動補助として用いる試みもある。いずれもソフト・ロボットの一種である。

リアリティーのデザイン

ものづくりや建築などの領域にも、アフォーダンスは浸透している。プロダクト・デザインでは、人工物でどのような行為ができるのか、使用者にわかりやすくデザインすることが求められる。つまり、製品が何をアフォードしているのかを探ることができるようにすること、「形」ではなく「アフォーダンス」をデザインすることが目標となる。

アフォーダンスのデザインに、一様な方法はない。アイデアは、道具やシステムが利用される現場で発見される。デザイナーは、使用者と環境との関わりとその変化について、フィールドで検討する必要がある。リアリティーに触れて、物の意味を捕獲しなくてはならない。

リアリティーに出会うためには、いくつかの方法がある。

都市環境デザイナーが、街のナビゲーションがどのようなアフォーダンスで可能になっているのかに興味をもったとしよう。彼は、ナビゲーションを可能にしている情報を、ナビゲーションの場所で探すだろう。

複雑な経路をナビゲートする者は、移動に伴って現れてくる「ナビゲーションのアフォーダンス」を利用している。ナビゲーションのアフォーダンスの候補の一つは、「路と路のつながる部分の変化が、移動に伴ってじょじょにあらわれてくる」情報である。これは視覚システムが探る景色の流れ以外に、聴覚システムでもピックアップできる。単独で移動している重度の視覚障害者は、ルートを探っていくと感じられる「ひらける感じ」や「圧迫感がなくなる感じ」から、路の転回部を発見しているという。どの転回部にも、移動の速度に対応してユニークな「流動」があらわれる。それをたどっていけば、道に迷うことなく目標地に着ける。ナビゲーションは、情報による知覚と行為のカップリングの長い系列である。だから経路をアフォードする情報については、フィールドに出かけていって探るしかない。

「表現」と「情報」

リアリティーを探る方法はもう一つある。

それは「表現」してみること、「表現」されたことを「読む」ことである。ナビゲーションのために、私たちは「地図」を作成する。誰かのために地形について語ったり、描いたりする。

「表現」をどう扱うのかという点で、これまでのナビゲーション研究には混乱があった。多くの研究では、表現は外在化した「頭の中の地図」、「こころの表象」であり、移動者は実際のナビゲーションでもそれを参照していると考えて、環境にあることを過少に評価する傾向があった。要素的な見えをつなげるために、もっぱら「記憶」や「知識」に頼ろうとしたわけである。しかし移動者がしていることは、ルートの転回部であらわれるナビゲーションを可能にしている独特な情報を探りあてることであり、「地図」を思い浮かべることはナビゲーションのごく一部にすぎない。

伝統的知覚論では、私たちの視覚情報を、キャンバスに描かれた「絵」のようなものだとしてきた。私たちは自身の記憶についても、記録するためのさまざまなメディア（レコーダーや映像）とよく混同する。そして言語についても、実際にコミュニケーション場面で知覚されている発話からではなく、「文字起こしされた」書きことばから理解しようとしがちである。いうまでもなく想起されることは、ビデオに映っているような「文字通りの過去」ではない。発話されていることばは、文字に書き写されたことばとは異なる。一方で、「表現」

は文明社会の歴史的慣習にしたがうものであり、リアリティーとはその様式の下で構成されるのだという主張もある。とすれば、周囲にあるエコロジカルな情報と、社会的に相互構成された「表現」には関係がないことになる。

ギブソンはこれらの議論があることを知りつつも、リアルな情報と表現には共有されていることがあると指摘した。彼は、人類最古の洞窟画にも、現代の絵画にも、それを描いた者が知覚した出来事の「不変項」が示されているはずだと述べた。幼児が紙に太いクレヨンで残す痕跡は「なぐり描き」とよばれ、ただの手の運動の痕跡だとされてきた。しかしそこには、「まっすぐ」、「曲がる」、「開く」、「閉じる」、「始まり」、「終わり」など、子どもが環境に知覚した出来事を記録しようとする熱心な試みを発見できる。遠近法で描かれた絵も、抽象画も、もしそれが私たちに環境のリアルを示すことができているならば、そこには知覚された不変項が部分的にでも記録されているはずである。

あらゆる表現は、知覚が発見した不変項の一部を、画面に示すことである。たとえばアニメータとは、知覚した動きを、複数のセル画に描き分け、それをつなげることで不変項を示す技術をもっている者である。

もちろん絵に知覚情報がそのまま示されているわけではない。表現することと知覚することとは別のことである。しかし表現も、知覚情報を特定している、とギブソンは主張した。

アフォーダンスを「言語」研究に応用しようという試みもある。

多くの言語理論は、言語を恣意的な「記号」と定義してきた。言語の理解は、環境の知覚とはまったく異なる次元のことだとされてきた。しかし他者の発話を理解することも、たんに記号の解読ではなく、知覚の問題である。

会話は、複数の発話者によって繰り広げられる相互行為のダイナミクスである。話し手と聞き手の間には、急速なリズム調整や相互意図の予期など、注意の知覚的協調が見られる。他者が発する声には、発話者の年齢、感情、意図などが情報として内在し、それらは声道の振動に情報として埋め込まれている。つまり声は、他者を前にして行う「身振り」の一種である。そして顔面や手や全身の姿勢のジェスチャーが声に入れ子になっている。発話とは、音声を中心とした全身のハイブリッドな身振り情報なのである。

手のシステムがモノの動きに情報を探していたように、聴覚システムと視覚システムは声を埋め込んでいる身体の動きに意味を探る。他者の発話に意味を知覚するシステムは、人の知覚システムの中でももっとも高度なものだろう。私たちは、非常に長い時間をかけてその繊細なスキルを身体化している。発話を理解することだけではなく、自ら「発話する」ことも、他者の発話を知覚することと共通の知覚的スキルに基礎を置いている。なぜなら、話すことは「自身の声を聞く」ことでもあるからだ。

さらに、書物など文字をベースとしたあらゆる媒体から意味を読み取ることも、この他者の発話を知覚するシステムと地続きだろう。文字は他でもない、複雑な声を定着させたものである。文章を読む者が、本のページに探るのは、もともとは声と身体の身振りにあった意味だろう。絵に視覚の不変項を探るように、書物の読者は文字列に発話が伝えようとしていた不変項を発見しようとしている。

間接知覚とよばれる、話し言葉や書き言葉の背景にもアフォーダンスがある。もちろん環境から情報を得ることと、声によるコミュニケーションから、あるいは書物から情報を得ることには大きな違いがあるだろう。その違いに注意しつつ、言語の研究者がすべきことは、ギブソンが視覚の領域でしたこと、つまり言語にとって「環境」がどのようなものなのか、言語が獲得する「不変項」がどのようなものなのか、そして言語のために身体はどのようなシステムなのかを探究することだろう。言語の「環境」、「不変項」、「知覚システム」などが明らかにされれば、「エコロジカルな言語論」が成立するだろう。もしその試みが成功すれば、リアルなことばへのアプローチが開始されるはずだ。

ギブソンは記憶、思考、想像、推論、イメージなど、知覚とは異なるとされている認識の領域についての長い検討項目をメモとして残しながらその生涯を閉じた。彼の「生態光学」は視覚の理論であり、そのままこれら「非知覚的」な認識の理論とはなりえないのかもしれない。アフォーダンス理論をそのように領域を無視して拡大することはエコロジカルではない。しかし、知覚についての長い研究がもたらしたアフォーダンスのアイデアは、一般的な意味の理論の土台として、すべての認識の現象を解明するヒントを提供し続けている。

新版あとがき

旧版である『アフォーダンス——新しい認知の理論』は、岩波科学ライブラリー初期の1冊として1994年に刊行された。わが国ではまだあまり知られていなかった用語をタイトルにする本をまとめるのは荷の重い作業であったが、さいわい多くの方々に読んでいただいた。

版を改める作業は、以下の方針で行われた。まず、旧版の流れは生かすこと。しかし、すべてのページを見直して、あいまいなところ足りないところは躊躇なく書き直すこと。さらに、旧版から20年、この領域の発展を示すために、分量の許す限り書き加えることである。

加筆したことをキーワードで示すと以下である。

ニュー・リアリズム、エドウィン・ホルト、空軍視覚テストフィルムユニット、フライトの動画テスト、知覚の心理物理学、脊椎動物の眼、包囲光と環境全体の見え、立体角の入れ子、直接知覚説、媒質、物質、面のレイアウト、遊離物と付着物、出来事、アフォーダンスの公共性、慣性楕円体としての身体イメージ、五つの知覚システム、協調、ルンバ、ソフト・ロボット、テンセグリティ、言語のアフォーダンス。

どれも基本的で重要な内容であるが、旧版での扱いは十分ではなかった。ギブソン理論の歴史的背景、研究の新展開など、旧版の出版以降に明らかになってきたことは多い。

書き直しの作業が、多くの方々に読まれた旧版の「入門書」としての性格をそこなわないように注意して、この『新版アフォーダンス』ではじめてこの領域に出会う方々にも、平易でわかりやすくなるようにこころがけた。そして、もしすでに旧版を読んだ方が、この新版を手にとるようなことがあっても、ギブソン心理学の理解がよりクリアーになり、そして更新され深まるようにと工夫したつもりである。

記憶のために旧版「あとがき」の一部を最後に入れていただいた。

二度、アフォーダンスについてまとめる機会を与えていただいた岩波書店の吉田宇一氏と、この版から編集を担当された辻村希望氏にはこころから感謝を申し上げる。

佐々木正人

２０１４年冬

旧版あとがき(一部略)

ギブソンとほぼ同じ時代に生き、アメリカが生んだもう1人の「認識論のエコロジスト」であるグレゴリー・ベイトソンは、「精神の物象化というナンセンス」を攻撃して次のように言っている。

「きこりが、斧で木を切っている場面を考えよう。斧のそれぞれの一打ちは、前回の斧が木につけた切り目によって制御されている。このプロセスの自己修正性(精神性)は、木－目－脳－筋－斧－打－木のシステム全体によってもたらされる。このトータルなシステムが内在的な精神の特性をもつのである」、「ところが西洋の人間は一般に、木が倒されるシークエンスを、このようなものとは見ず、「自分が木を切った」と考える。そればかりか、〃自己〃という独立した行為者があって、それが独立した〃対象〃に独立した〃目的〃を持った行為を成すのだと信じさえする」、「精神的特性を持つシステムで、部分が全体を一方的にコントロールすることはありえない」、「システムの精神的特性は、部分の特性ではなく、システムの全体に内在する」、「調和的に働く一つの大きなアンサンブルにこそ、精神は宿るのだ」と(『精神の生態学』、佐藤良明訳、思索社(1990))。

晩年にベイトソンはギブソンの著書を読んで、「俺と同じことを言っている」と言ったそうだ。2人の理論は、概念的な道具立てにおいてはまったく異なるが、深いところでは一致している。それは、「精神」を身体の一部に局在しているものと考える伝統を嫌悪し、精神を広く世界に観察しようとする態度においてである。

ギブソンの理論の醍醐味の一つが、「局在する精神」、「世界像の構成者としての精神」の存在を認めてきた知覚理論を、実証の力もかりて、土台からくつがえしてみせたところにあることは確かだ。ギブソンの理論に出会ったら、精神が頭や脳のどこかにあり、世界の像がそこでつくられているなどという説明が急速に色あせ、信じられないものになる。そして、いまこのように見えていることの原因を、環境の中に探してみようとしはじめるようになる。他者のなにげない知覚行為が俄然いきいきとしたものに見えはじめる。つまり、世界や人間の行為や精神についての見方が根本的に変わるのである。

私がギブソンの知覚理論から学んだことの一つは、このこと、すなわち「認識論を実践する」ことである。

しかし、ギブソンの書き残したことに含まれているメッセージはそれに限られない。もっと大事なことがある。それは、一言で言えば「何にもとらわれない、ということをどのようにして具現するのか」ということである。「知の方法」とでもよべることだろう。

どの領域でも研究者というものは、「リアル」よりは「リチュアル（儀式）」に忠実なものである。ギブソンも「錯視からあたりまえの見えを推理する」という知覚研究の伝統的な儀式から出発した。したがって本書で紹介した彼の理論化の歩みは、知覚心理学という儀式から「自由になる」試みでもあった。アフォーダンス理論もすごいが、ギブソンの「理論くずし」の歩みもすごい。彼に学ぶべきことの第1は、アフォーダンスの理論であることはもちろんだが、それだけではなく、目の前にあるリアルにどれだけ忠実になれるか、すなわち「理論」そのものからも自由になる方法である。

ギブソンの理論に出会うと、肩の力が少しは抜ける思いがしてくる。「あせらなくてもいい。情報は環境に実在して、お前が発見するのをいつまでも待っている」というギブソンの声が聞こえるような気がするからだ。そうなのだ、儀式にとらわれずリアリティーを探る決心さえ持続していれば、いつかはそれを手にできるのだ。研究だって知覚行為の一種なのだから。ということを、ささやかではあるが信じることができるようになったからである。

妻、真理にこの小さな本を捧げたい。（1994年4月）

佐々木正人

1952年北海道生まれ．多摩美術大学教授・東京大学名誉教授．主な著書に『アフォーダンス入門』(講談社学術文庫)，『アフォーダンスと行為』(共編著，金子書房)，『レイアウトの法則』(春秋社)，『ダーウィン的方法』，『包まれるヒト』(ともに岩波書店)，訳書にエレノア・J．ギブソン著『アフォーダンスの発見』(共訳，岩波書店)などがある．

岩波 科学ライブラリー 234
新版 アフォーダンス

2015年1月9日 第1刷発行
2025年2月5日 第11刷発行

著 者 佐々木正人《ささきまさと》

発行者 坂本政謙

発行所 株式会社 岩波書店
〒101-8002 東京都千代田区一ツ橋2-5-5
電話案内 03-5210-4000
https://www.iwanami.co.jp/

印刷 製本・法令印刷 カバー・半七印刷

ISBN 978-4-00-029634-2 Printed in Japan

●岩波科学ライブラリー〈既刊書〉

302
谷口　隆
子どもの算数、なんでそうなる？
定価一五四〇円

子どもの突拍子もない発想や間違いの奥には何があるのだろう。数学者である父親が、わが子と算数を考えることを楽しみながら、子どもの頭の中で何が起きたのかを推理する。学びとは何かを深く問いかけるエッセイ。

303
今泉允聡
深層学習の原理に迫る
数学の挑戦
定価一三二〇円

第三次人工知能ブームの中核的役割を果たす深層学習は、様々な領域に応用される一方、「なぜ優れた性能を発揮するのか」ということは分かっていない。深層学習の原理を数学的に解明するという難題に、気鋭の研究者が挑む。

304
トム・ガリー、松下　貢
名随筆で学ぶ英語表現
寺田寅彦 in English
定価一四三〇円

現代的視点をもって、数多くの名随筆をうみだした物理学者・寺田寅彦。「茶碗の湯」など五編が英文となってうまれかわる。熟語、構文から科学的読み解きまで、充実した解説で科学の心と自然な英語表現が身につく。

305
斎藤　毅
抽象数学の手ざわり
ピタゴラスの定理から圏論まで
定価一四三〇円

ピタゴラスの定理や素因数分解といったなじみ深い数学を題材に、現代数学のキーワード「局所と大域」「集合と構造」「圏」「線形代数」などを解説。紙と鉛筆をもって体験すれば、現代数学の考え方がみえてくる。

306
椿　玲未
カイメン　すてきなスカスカ
定価一八七〇円

どこを切ってもスッカスカ！　動物？　植物？　そもそも生物？　そんな存在感のないカイメンが、じつは生態系を牛耳る黒幕だった!?　サンゴ礁の豊かな海も彼らなしには成り立たない。ジミにすごいその正体は？【カラー頁多数】

307 学術出版の来た道
有田正規
定価一六五〇円
学術出版は三五〇年を超える歴史を経て、特殊な評価・価値体系を形成してきた。その結果として生じている学術誌の価格高騰や乱立、オープンアクセス運動、ランキング至上主義といった構造的な問題を解き明かす。

308 クオリアはどこからくるのか？ 統合情報理論のその先へ
土谷尚嗣
定価一五四〇円
これまでの研究における発展と限界、有望視されている統合情報理論、そして著者が取り組んでいるクオリア（意識の中身）を特徴づける研究アプローチを解説。意識研究の面白さ、研究者が抱いている興奮を伝える。

309 僕とアリスの夏物語 人工知能の、その先へ
谷口忠大
定価一七六〇円
突然現れた謎の少女アリス。赤ちゃんのように何も知らなかったが、主人公・悠翔たちから多くを学んでいく。しかしある日……!? ＡＩと共存する未来とは。「発達する知能」はどう実現されるのか。小説と解説の合わせ技で迫る！

310 食虫植物 進化の迷宮をゆく
福島健児
定価一九八〇円
植物なのに肉食なんて！ この特殊能力のわりにマイナーなのはなぜか。ベジタリアンもいるの？ 妙な形や「胃腸」はどこから？ 気鋭の研究者の道案内で、その妖しい魅力に心ゆくまで囚われよう。【カラー口絵16頁】

311 人類冬眠計画 生死のはざまに踏み込む
砂川玄志郎
定価一二一〇円
人々の間でイメージが出来上がっているが、いまだ技術として確立していない人工冬眠。実現に向けてブレイクスルーとなりうる成果に携わった研究者が、自身の体験や想いを交えながら「人類冬眠計画」を披露する。

定価は消費税一〇％込です。二〇二五年二月現在

●岩波科学ライブラリー〈既刊書〉

広瀬友紀
312 **ことばと算数** その間違いにはワケがある
定価一四三〇円
「かける数とかけられる数、どっちがどっち？」「マイナスのマイナスは……とってもマイナス？」混乱する原因は、ことばのしくみにあることも。言語学者が小学生の間違いをもとに、意外に深いことばと算数の関係にせまる。

藤田敏彦
313 **ヒトデとクモヒトデ** 謎の☆形動物
定価一七六〇円
なんなの、あの形？　ひっくり返ったらどうする？　あの体で子育てもするの……!?　☆の体で生きるとは、どういうことなのか。あの形はどこからきたのか。海の☆たちのディープな世界に、いざ、ずぶずぶとはまろう。【カラー版】

宮竹貴久
314 **「死んだふり」で生きのびる**
生き物たちの奇妙な戦略
定価一四三〇円
動きを止めて、奇妙なポーズで「死んだふり」。本当に生きのびやすくなるの？　する・しないを決める要因とは？　将来、医療に死んだふりが役立つ!?　奇妙な行動戦略を深く掘り下げる、国内初の死んだふり入門書。

源　利文
315 **環境ＤＮＡ入門**
ただよう遺伝子は何を語るか
定価一三二〇円
生きものたちが「そこにいた」痕跡、環境ＤＮＡは、生物研究の新たな扉を開きつつある。海の水からそこにすむ魚がわかり、葉っぱのはみ跡から「犯人」がわかる……!?　第一人者が、その驚くべき可能性を臨場感たっぷりに語る。

竹市雅俊
316 **あつまる細胞**
体づくりの謎
定価一八七〇円
細胞は、自発的に「あつまって」私たちの体をつくる。いったんバラバラにしても、また集まる。なぜ……!?　素朴な疑問から、細胞間接着分子カドヘリンの発見、そしてさらなる謎解きの旅路をたどり、発生の妙へと読者をいざなう。

317
宇宙の化学
プリズムで読み解く物質進化
羽馬哲也
定価一七六〇円

太古から人々は、虹という現象を介して太陽光が波長によって分かれる様子を目撃していた。この古くから知られる「分光」が、宇宙の物質進化を解明する鍵となる。さまざまな分野と結びついて発展してきた宇宙の化学の物語。

318
脳がゾクゾクする不思議
ＡＳＭＲを科学する
仲谷正史、山田真司、近藤洋史
定価一五四〇円

ゾクゾク……、ゾワゾワ……、ウズウズ……。このような言葉で形容される感覚・反応であるＡＳＭＲ。謎に包まれたこの生理現象を科学的に解明することはできるのか？　3人の研究者がそれぞれの専門領域から掘り下げる。

319
大規模言語モデルは新たな知能か
ChatGPTが変えた世界
岡野原大輔
定価一五四〇円

Chat GPTを支える大規模言語モデルとはどのような仕組みなのか。何が可能となり、どんな影響が考えられるのか。人の言語獲得の謎も解き明かすのか。新たな知能の正負両面をみつめ、今後の付き合い方を考える。

320
竹取工学物語
土木工学者、植物にものづくりを学ぶ
佐藤太裕
定価一五四〇円

適度に硬く、しなやか。中空円筒構造。驚異の成長力。特異な生態、形状や性質ゆえに古くから日本人の生活に溶け込んできた竹は、時に厄介者扱いも受ける。そんな竹に魅せられ、種々の植物に工学の視点で挑む研究者の物語。

321
インフルエンザウイルスを発見した日本人
山内一也
定価一五四〇円

1918年から流行したインフルエンザの病原体は細菌よりも小さなウイルスだと示した論文が、当時の日本から発表されていた。黄金期のパスツール研究所に連なる病原体の狩人たちの事績と人生をたどる、医学探究のドラマ。

定価は消費税一〇％込です。二〇二五年二月現在

●岩波科学ライブラリー〈既刊書〉

322
谷口義明
暗い夜空のパラドックスから宇宙を見る
定価一五四〇円

無限に広い宇宙に無限個の星が一様に分布していたら……、夜空は明るく輝くはずが実際は暗い。太陽が没しても星は輝くから理由は他にある。宇宙も星の数も有限だから？　宇宙膨張のせい？　意外なわけを、その手で確かめよう。

323
エリック・ラウガ　訳 石本健太
流体力学超入門
定価一八七〇円

水や空気はどのように流れるのか。その運動をいかに制御するか。粘性、渦、乱流、レイノルズ数などの重要な概念を高校数学レベルで解説。物理的なアイデアに焦点をあてて、現代的な視点で書かれた本格的入門書。

324
橘 省吾
「はやぶさ2」は何を持ち帰ったのか
リュウグウの石の声を聴く
定価一六五〇円

小惑星探査機「はやぶさ2」が持ち帰ったリュウグウの石は様々なことを語る。リュウグウと太陽系の歴史。海や生命の材料のありか。持ち帰られた試料の初期分析を統括した著者が、試料分析の成果を語る。

325
長田義仁
生命はゲルでできている
定価一五四〇円

ゼリーや豆腐など、水を含んでブヨブヨ、プルプルしているのはみんなゲル。私たちのカラダの大部分はゲルでできている。生命活動に不可欠なしなやかさを備えるばかりか、物質・エネルギーの輸送も担うゲルのしくみとは。

326
国立科学博物館筑波実験植物園 編著
植物園へようこそ
定価一六五〇円

癒されて驚かされる世界の植物たちのとっておきの楽しみ方を研究者が語ります。植物を集めて育て、調べて守る、知られざる裏側の奮闘まで熱く紹介。きっと好きになる、もっと好きになる、植物園ガイドブック。

定価は消費税一〇％込です。二〇二五年二月現在